新編大學普通話

上冊

新編大學普通話

上冊

香港大學中文學院漢語中心

陳欣欣、管海瑾、孟素、施仲謀、楊煜　編著（漢語拼音序）

香港大學出版社
HONG KONG UNIVERSITY PRESS

香港大學出版社
香港田灣海旁道七號
興偉中心十四樓
www.hkupress.org

ISBN 978-988-8139-19-4

10 9 8 7 6 5 4 3 2 1

彩印製作有限公司承印

目錄

前言

    《新編大學普通話》主要針對香港大學中文學院漢語中心普通話課程而編寫，也適合於本港開辦的各種成人普通話課程。本書分上、下兩冊，每冊分課文及語音兩部分。

課文

    每冊十二課。課文的取材，立足於有時代特徵的話題，從社會時事、政治法律、經濟金融、科學技術和文化藝術等各個方面，啟發學員在不同的專業範疇，運用相應的題材，創造普通話實際運用的氛圍，以之激發普通話口語的學習動機。

    上冊用繁體字，分短文、對話、相關詞語、口語訓練與聽力練習五個部分，旨在引導學員多聽、多說、多練。

    下冊用簡化字，分短文、相關詞語、口語訓練、視聽說練習與朗讀實踐五個部分，通過不同主題，帶出各種專業和相關詞彙，目的是照顧不同階段的學員對真實的普通話語境的需求，加強學員在日常交際或專業範圍內運用普通話的信心。

    考慮到普通話課程在香港的中小學校已逐漸普及，本書的短文、對話及朗讀實踐等部分的拼音均按字注音，對正詞法不作要求，以切合實用功能；而在「相關詞語」和「補充詞語」的拼音則按正詞法連寫，希望學生對正詞法有所了解。此外，本書大部分內容均配有錄音，惟視聽說練習的光盤及朗讀實踐的篇章，請參考原材料，以保護相關之知識產權，敬請諒解。

語音

　　對初學者來說，有必要由淺入深，學習語音知識，以掌握普通話的正確發音；上冊安排了聲母、韻母、聲調、音節和漢語拼音正詞法等內容，循序漸進，迴環往復，以收復習和鞏固之效。對有一定語音基礎的大學生和成人學員來說，則重點應放在語音的辨正、對比和特殊用法方面；下冊安排了聲母辨正、韻母辨正、聲調辨正、變調、輕聲和兒化等較深層次的訓練，溫故而知新，更上一層樓。語音部分的內容很豐富，方便教師和學員靈活選擇和參考。至於拼音練習的內容，則大多來自課文，以配合相應的語音教學的進行。

　　本書每課課文，均提供大量啟發性話題的練習，以滿足不同的教學需求。教師宜通過提問、討論等活動提高學生的口頭表達能力，結合各種不同的形式使學生自由發揮和練習，啓發用普通話思考，激發學習興趣，增加參與性。由於普通話科並非中小學的必修科目，學員普通話水平因而有所參差，而課堂時間亦有限，教師可結合課前測試的結果，針對學員的弱點因材施教，力圖培養出準確和流利的普通話運用能力。本教材是編者們多年教學經驗成果的積累，在編寫過程中難免有疏漏之處，尚望大方之家，不吝指正為盼。

第一部分

課文

貧富懸殊

短文

策略發展委員會召開了新一屆專題會議，討論了近日大家關心的社會流動問題。自亞洲金融風暴爆發以來，香港社會的流動性似乎停止了。大家的工資不再像以前那樣年年增加，升職的機會也非處處可見。一個由中產階級為主流的社會，轉變為由「富裕」和「貧窮」兩個極端階層組成的社會，這就是所謂的「M型社會」。

十多年來，香港的本地生產總值（GDP）雖然仍有增長，但除了從事金融、房地產等部分行業的人士外，大部分工薪階層的薪水並沒有增加。而最令人氣餒的是中產階級的工作越來越不穩定，隨時會被裁掉。另一方面，香港的經濟體制已經發展成熟，年輕人要創業，要在崗位上更上一層樓，要發展自己的事業，都比以前更困難。社會上「貧者愈貧，富者

yù fù　suǒ chǎn shēng de yuàn qì bú yì huà jiě　zhèng fǔ xiǎng chóng jiàn
愈富」所 產 生 的 怨 氣 不 易 化 解。政 府 想　重 建

hé xié shè huì　tán hé róng yì
和 諧 社 會,談 何 容 易?

對話

jiǎ　jīn nián nǐ jiù bì yè le　dǎ suan zhǎo shén me gōng zuò
甲:今 年 你 就 畢 業 了,打 算　找　什 麼 工 作?

yǐ　wǒ zhè me nián qīng　dāng rán xǐ huan zài shāng yè　jī gòu gōng zuò
乙:我 這 麼 年 輕,當 然 喜 歡 在 商 業 機 構 工 作,

kě yǐ duō zhǎng zhǎng jiàn shi　xiàng gōng wù yuán zhè lèi ān wěn de
可 以 多 長　長 見 識。像 公 務 員 這 類 安 穩 的

gōng zuò　wǒ jiù xìng qù bú dà　qiú zhí xìn wǒ yǐ jing jì chū qù hǎo
工 作,我 就 興 趣 不 大。求 職 信 我 已 經 寄 出 去 好

jǐ fēng le　hái zài děng huí xìn ne　xiàn zài zhǎo gōng zuò zhēn bù
幾 封 了,還 在 等 回 信 呢。現 在 找 工 作 真 不

róng yì a
容 易 啊!

jiǎ　nǐ shuō de duì　xiāng gǎng shì quán qiú jīn róng zhōng xīn　nǐ men děi
甲:你 說 得 對。香 港 是 全 球 金 融　中 心,你 們 得

gēn quán shì jiè de jīng yīng yì qǐ jìng zhēng
跟 全 世 界 的 精 英 一 起 競　爭。

yǐ　tīng shuō hěn duō dà qǐ yè dōu xǐ huan gù hǎi wài de dà xué shēng
乙:聽 說 很 多 大 企 業 都 喜 歡 僱 海 外 的 大 學 生,

shì ma
是 嗎?

jiǎ　zhè dào bù yí dìng　děi kàn qiú zhí zhě běn shēn de sù zhì　yīng yǔ
甲:這 倒 不 一 定,得 看 求 職 者 本 身 的 素 質。英 語

hé pǔ tōng huà yí dìng yào hǎo　lìng wài hái děi huì gēn qí tā rén gōu
和 普 通 話 一 定 要 好,另 外 還 得 會 跟 其 他 人 溝

tōng　yǒu lǐng dǎo cái néng　qí shí　yí jìn dà xué kāi shǐ　nǐ jiù děi
通,有 領 導 才 能。其 實,一 進 大 學 開 始,你 就 得

zhǔn bèi bì yè yǐ hòu zhǎo gōng zuò de shìr　nǐ shuō duì bu duì
準 備 畢 業 以 後 找　工 作 的 事兒,你 說 對 不 對?

yǐ　duì a　xiàn zài kàn lái xìng kuī dà xué yī nián jí de shí hou　wǒ dāng
乙:對 啊。現 在 看 來 幸 虧 大 學 一 年 級 的 時 候,我 當

guò xué shēng huì zhǔ xí　dài lǐng xué shēng huì gè gè gàn shi gǎo le
過 學 生 會 主 席,帶 領 學　生 會 各 個 幹 事 搞 了

hěn duō huó dòng　péi yǎng le zì jǐ yí dìng de lǐng dǎo néng lì　èr
很 多 活 動，培 養 了 自 己 一 定 的 領 導 能 力。二

nián jí de shí hou　wǒ cān jiā le jiāo huàn shēng jì huà　qù měi guó
年 級 的 時 候，我 參 加 了 交 換 生 計 畫，去 美 國

de jiā zhōu dà xué jiāo huàn le yì nián　jīn nián wǒ yòu niàn wán le
的 加 州 大 學 交 換 了 一 年。今 年 我 又 念 完 了

pǔ tōng huà gāo bān hé shāng yè pǔ tōng huà　suǒ yǐ yīng yǔ hé pǔ
普 通 話 高 班 和 商 業 普 通 話，所 以 英 語 和 普

tōng huà wǒ dōu méi yǒu wèn tí
通 話 我 都 沒 有 問 題。

jiǎ　zhè xiē dōu néng zēng jiā nǐ de jìng zhēng lì
甲：這 些 都 能 增 加 你 的 競 爭 力。

相關詞語

1. 政府 zhèngfǔ
2. 制定 zhìdìng
3. 政策 zhèngcè
4. 住房需求 zhùfáng xūqiú
5. 解決 jiějué
6. 建立 jiànlì
7. 公平競爭 gōngpíng jìngzhēng
8. 維護 wéihù
9. 法制 fǎzhì
10. 尊重 zūnzhòng
11. 人權 rénquán
12. 論壇 lùntán
13. 高峰會 gāofēnghuì
14. 全球化 quánqiúhuà
15. 就業問題 jiùyè wèntí
16. 提升 tíshēng
17. 生活條件 shēnghuó tiáojiàn
18. 扶貧 fúpín

口語訓練

（一）四人或五人一組，分組討論以下問題。

1. 如何解決社會上「貧富差距」的問題。
2. 政府應該怎樣「扶貧」？
3. 在中國經濟高速發展中，應該怎樣裝備自己，迎接未來的挑戰。
4. 在經濟發展的同時，我們應該如何保護環境。
5. 有錢就快樂嗎？物質生活和精神生活怎樣才能得到滿足？

（二）參考用語

1. 綜援 zōngyuán
2. 提供機會 tígōng jīhuì
3. 最低工資 zuì dī gōngzī
4. 創造 chuàngzào
5. 積極發展 jījí fāzhǎn
6. 教育 jiàoyù
7. 進修 jìnxiū
8. 環保 huánbǎo
9. 知足者常樂 zhīzú zhě cháng lè
10. 理性消費 lǐxìng xiāofèi
11. 官商勾結 guān shāng gōujié
12. 進行監督 jìnxíng jiāndū
13. 規範管理 guīfàn guǎnlǐ
14. 採取有效措施 cǎiqǔ yǒuxiào cuòshī
15. 修建 xiūjiàn
16. 基建 jījiàn

聽力練習

請聽一段對話，然後回答三個問題。

問題 1：對話中的男、女住在哪個城市？
答案：

問題 2：對話中男的應該是在哪個單位工作的？
答案：

問題 3：對話中女的提到這座城市十五年前的空氣如何？
答案：

第二課

無殼蝸牛

《蝸居》曾經是中國內地討論得極為熱烈的電視劇之一，它是根據六六的同名小說改編的。該電視劇主要講述外來工作的海萍和海藻兩姐妹在江州的生活經歷。然而，這實際上是一部有關房價飆升，普通老百姓買房難的電視劇。劇中也涉及貪污、第三者等社會敏感話題。

《蝸居》的成功是由於該劇貼近生活，反映了當下社會的熱點問題。當世界其他很多地區都對中國經濟的迅速復蘇感到敬畏之際，這部電視劇道出了中國許多城市的普通人面對房價直線飆升、難以負擔的擔憂，也道出了城市居民對住房的渴望與無奈，以及對於成為「房奴」的怨聲。

房價的迅猛上漲同時引發了投資者對中國經濟的擔心，他們害怕中國近年動力超強的信貸繁榮正給房地產泡沫火上加油，

ér zhè ge fáng dì chǎn pào mò shǐ zhōng shì huì bào pò de　jiè shí yí dìng
而 這 個 房 地 產 泡 沫 始 終 是 會 爆 破 的，屆 時 一 定

dǎo zhì zhōng guó jīng jì xiàng xià huá xíng
導 致 中 國 經 濟 向 下 滑 行。

對話

jiǎ　　nǐ kàn guò diàn shì jù　wō jū　méi yǒu
甲：你 看 過 電 視 劇《蝸 居》沒 有？

yǐ　kàn guò　pāi dé tǐng bú cuò de　zhè bù diàn shì jù fǎn yìng le dà bù
乙：看 過，拍 得 挺 不 錯 的。這 部 電 視 劇 反 映 了 大 部

fen zài zhōng guó dà chéng shì shēng huó de jū mín mǎi fáng nán de
分 在 中 國 大 城 市 生 活 的 居 民 買 房 難 的

qíng kuàng　tā men pīn mìng gōng zuò yě zǎn bú dào shǒu fù kuǎn
情 況。他 們 拼 命 工 作 也 攢 不 到 首 付 款，

hái děi gēn fù mǔ　qīn qi hé péng you jiè　cái kě yǐ mǎi de shàng fáng
還 得 跟 父 母、親 戚 和 朋 友 借，才 可 以 買 得 上 房

zi　ér qiě měi gè yuè huán de fáng dài　yě zhàn le tā men dà bù fen
子。而 且 每 個 月 還 的 房 貸，也 佔 了 他 們 大 部 分

shōu rù
收 入。

jiǎ　nǐ shuō　zhè zhǒng qíng kuàng shì bu shì gēn xiāng gǎng chà bu duō
甲：你 說，這 種 情 況 是 不 是 跟 香 港 差 不 多。

dà xué shēng bì yè yǐ hòu xiān yào hái qīng zhèng fǔ de dài kuǎn　rán
大 學 生 畢 業 以 後 先 要 還 清 政 府 的 貸 款，然

hòu hái děi zǎn qián jì xù jìn xiū　ér qiě yì bān rén de gōng zī hé chǔ
後 還 得 攢 錢 繼 續 進 修。而 且 一 般 人 的 工 資 和 儲

xù yě hěn nán gēn de shàng fáng jià　suǒ yǐ mǎi fáng zi duì nián qīng
蓄 也 很 難 跟 得 上 房 價，所 以 買 房 子 對 年 輕

rén kě yǐ shuō shì yáo yáo wú qī le
人 可 以 說 是 遙 遙 無 期 了。

yǐ　nǐ shuō dé duì　děng zán men jìn xiū wán le　qiān xīn wàn kǔ de zǎn
乙：你 說 得 對。等 咱 們 進 修 完 了，千 辛 萬 苦 地 攢

le yì xiē qián de shí hou　fáng jià yě dōu zhǎng shàng qu le
了 一 些 錢 的 時 候，房 價 也 都 漲 上 去 了。

jiǎ　kǒng pà zán men yě děi děng dào sān shí wǔ suì yǐ hòu cái néng zǎn gòu
甲：恐 怕 咱 們 也 得 等 到 三 十 五 歲 以 後 才 能 攢 夠

shǒu fù kuǎn ba
首 付 款 吧。

乙：是啊，再加上未來通貨膨脹對房價的影響，到時候你會發現，原來你的錢只夠在偏遠地區買一套兩居的小單元。

甲：那看來咱們一輩子也得當房奴了。

相關詞語

1. 通脹 tōngzhàng
2. 通縮 tōngsuō
3. 股市 gǔshì
4. 漲跌 zhǎng diē
5. 樓市 lóushì
6. 同比 tóngbǐ
7. 環比 huánbǐ
8. 投資理財 tóuzī lǐcái
9. 基金 jījīn
10. 減薪 jiǎn xīn
11. 存款 cúnkuǎn
12. 保險 bǎoxiǎn
13. 利率 lìlǜ
14. 外幣 wàibì
15. 保證金 bǎozhèngjīn
16. 信用卡 xìnyòngkǎ
17. 債券 zhàiquàn
18. 開盤 kāipán
19. 收盤 shōupán
20. 按揭 ànjiē

▎口語訓練

（一）兩個人一組，一個扮演房地產經紀人，一個扮演租客。

（二）租客想租一個單元，於是房地產經紀人帶他去看房，並且介紹區內的環境、公共設施以及交通情況等等。

（三）參考用語

1. 這套房子是一居／兩居的。
   zhè tào fángzi shì yì jū ／ liǎng jū de。

2. 建築面積是 XXX 平方呎／平米。
   jiànzhù miànjī shì XXX píng fāng chǐ ／ píng mǐ。

3. 使用面積是 XXX 平方呎／平米。
   shǐyòng miànjī shì XXX píng fāng chǐ ／ píng mǐ。

4. 租金 zūjīn

5. 管理費 guǎnlǐfèi

6. 衛生間 wèishēngjiān

7. 廚房 chúfáng

8. 主臥室 zhǔwòshì

9. 客廳 kètīng

10. 保姆間 bǎomǔjiān

11. 陽臺 yángtái

12. 會所 huìsuǒ

13. 游泳池 yóuyǒngchí

14. 健身房 jiànshēnfáng

15. 網球場 wǎngqiúchǎng

16. 商場 shāngchǎng

17. 飯館兒 fànguǎnr

18. 超市 chāoshì

19. 電影院 diànyǐngyuàn

20. 溜冰場 liūbīngchǎng

21. 菜市場 càishìchǎng

22. 圖書館 túshūguǎn

聽力練習

請聽一段對話，然後回答三個問題。

問題 1：對話中女的說「瞎折騰」是什麼意思？
答案：

問題 2：女的為什麼要投資？
答案：

問題 3：男的給了女的什麼投資建議？
答案：

唯有讀書高

短文

中國人自古崇尚「讀書」，重視「上學」。現在多數人還是認為「萬般皆下品，唯有讀書高」，而且去名牌大學讀書就更高。雖然「學而優則仕」不是絕對的，但上大學仍然是通往好工作的捷徑。直到上世紀八十年代末、九十年代初，中國的大學畢業生都還是由國家分配，不愁沒工作。

跨進二十一世紀，情況則有很大變化。很多大學生、碩士生、甚至博士生畢業後找不到工作，或者因為認為工作不理想、工資不夠高、待遇不夠好而不接受僱主的聘用。不少人認為上大學白花錢，既然上完大學也沒有工作，還不如早一點去找出路。還有人以比爾蓋茨為榜樣，覺得大學畢不了業也沒關係。

另外，隨着互聯網的飛速發展，每秒鐘都有新資訊，等知識編到課本裏已經舊了。想學

shén me　　wǎng shàng dōu yǒu　　yīn cǐ yǒu rén rèn wéi zài méi yǒu shàng xué
什　麼，網　上　都　有，因此有人認　為　再　沒　有　上　學

de bì yào　　kě néng zhōng guó rén　　wéi yǒu dú shū gāo　de chuán tǒng guān
的必要。可能　中　國人「唯有讀書高」的　傳　統　觀

niàn huì zhú jiàn bèi dǎ pò　　yě kě néng dú shū réng rán　　gāo　　dàn shì fǒu
念　會逐漸被打破；也可能讀書仍然「高」，但是否

zài xué xiào li dú shū jiù bú nà me zhòng yào le
在學校裏讀書就不那麼　重　要了。

對話

jiǎ　　wǒ men tóng xué dōu zài máng zhe zhǎo gōng zuò　yǒu xiē jī huì　kě
甲：我們　同　學都在　忙　着找　工作。有些機會，可

shì hé wǒ de zhuān yè duì bú shàng　wǒ zǒng jué de gōng zuò hé zhuān
是和我的　專　業對不上。我總覺得工作和　專

yè bú duì kǒu　suǒ xué fēi suǒ yòng　làng fèi shí jiān　kàn lái dà xué
業不對口，所學非所用，浪費時間。看來大學

bái niàn le
白唸了。

yǐ　　wǒ men yí shàng dà xué jiù yào xuǎn zhuān yè　xué xí miàn bǐ jiào
乙：我們一上大學就要選　專　業，學習面比較

zhǎi　suī shuō wǎng shàng de zī xùn yòu kuài yòu duō　dàn shì jī běn
窄。雖說網　上　的資訊又快又多，但是基本

gōng hái shi bú gòu shēn　bú gòu guǎng　shàng dà xué　qí shí shì gěi
功還是不夠深，不夠　廣。上　大學，其實是給

wǒ men yí gè jī huì　duō kàn diǎn shū　kāi kuò shì yě hé sī lù
我們一個機會，多看點書，開闊視野和思路。

zhè duì wǒ men de yì shēng dōu huì yǒu yǐng xiǎng　bù néng shuō bái
這對我們的一生　都會有影　響，不能　說白

niàn le
唸了。

jiǎ　　wǒ xiàn zài cháng tīng dào　jiǔ líng hòu　de tí fǎ　hǎo xiàng duì wǒ
甲：我現在　常　聽到「九零後」的提法，好　像　對我

men zhè ge nián líng de rén hěn bù mǎn　rèn wéi wǒ men duì shén me shì
們這個年齡的人很不滿，認為我們對什麼事

dōu wú suǒ wèi　hǎo xiàng shén me dōu zhī dao　qí shí shén me dōu bù
都無所謂，好　像　什　麼都知道，其實什　麼都不

dǒng　zhè tài bù gōng píng le ba
懂。這太不公　平了吧！

乙：公平與否，現在還不能定論。我們還沒有為社會做出貢獻。中國的經濟已經起飛，但能飛多高、多遠，要看我們的視野有多寬，翅膀有多硬。

甲：有道理。「九零後」到底怎麼樣，還要看我們自己。

相關詞語

1. 從古到今 cóng gǔ dào jīn
2. 傳統 chuántǒng
3. 保守 bǎoshǒu
4. 潮流 cháoliú
5. 趨向 qūxiàng
6. 崇尚 chóngshàng
7. 重視 zhòngshì
8. 偏見 piānjiàn
9. 成見 chéngjiàn
10. 遠見 yuǎnjiàn
11. 捷徑 jiéjìng
12. 半途而廢 bàn tú ér fèi
13. 僱主 gùzhǔ
14. 聘用 pìnyòng
15. 待遇 dàiyù
16. 工作 gōngzuò
17. 報酬 bàochou
18. 保障 bǎozhàng

19. 保證 bǎozhèng
20. 資訊 zīxùn
21 消息 xiāoxi
22. 專業 zhuānyè
23. 報考 bào kǎo
24. 名校 míng xiào

口語訓練

（一）小組討論：每組二至四人，由老師指定或自選兩個題目。

1. 我為什麼上大學？
2. 網上資訊可以代替課堂學習嗎？為什麼？
3. 「九零後」是什麼樣的年輕人？
4. 校園會消失嗎？

（二）每組代表向全班滙報討論結果。

（三）參考詞語

1. 熱門 rèmén
2. 過時 guòshí
3. 改變 gǎibiàn
4. 影響 yǐngxiǎng
5. 決定 juédìng
6. 變化 biànhuà
7. 社會需求 shèhuì xūqiú
8. 經濟情況 jīngjì qíngkuàng
9. 高新科技 gāo xīn kējì
10. 日新月異 rì xīn yuè yì
11. 學無止境 xué wú zhǐjìng
12. 維護 wéihù
13. 打破 dǎpò
14. 繼承 jìchéng

15. 博覽群書 bólǎn qún shū
16. 開闊視野 kāikuò shìyě
17. 成正比 chéng zhèngbǐ
18. 成反比 chéng fǎnbǐ

聽力練習

下面是一段對話，聽完後回答三個問題。

問題 1：女兒為什麼不想繼續讀書了？

　　　　A. ☐
　　　　B. ☐
　　　　C. ☐
　　　　D. ☐

問題 2：爸爸覺得女兒為什麼可能找不到理想的工作？

　　　　A. ☐
　　　　B. ☐
　　　　C. ☐
　　　　D. ☐

問題 3：爸爸最後有什麼建議？

　　　　A. ☐
　　　　B. ☐
　　　　C. ☐
　　　　D. ☐

第四課

病從口入

二十一世紀是醫療與科技高度發展的時代，我們面對各種各樣的生物科技產品，再加上醫療分科太細，所以當一般人對日常飲食與就醫如何作出正確的選擇時，往往因資訊都流於片段，更感迷惑。其實，每一位病人求診時，雖然主訴某一器官的病症，但很可能是其他器官所造成的影響，或者是長期由某些因素累積所導致。所以醫生要以病人的整體健康狀況，經過仔細思考後再作出綜合性的治療。

其實維護身體健康的主權掌握在個人手中，人只要懂得吃喝的正確方法，少肉多菜，飯菜少油少鹽少糖，養成良好的生活習慣，那麼即便遺傳基因不是太好，也可以擁有健康良好的身體。

回歸大自然應該是一切生活的本質。人類是大自然的一部分，要保持健康長壽就必須按照自

ran fǎ zé qù shēng huó　　rú guǒ yǒu bìng jiù làn yòng yào　tān tú měi wèi jiù
然 法 則 去 生 活。如 果 有 病 就 濫 用 藥，貪 圖 美 味 就

làn jiā tiáo liào　wèi le shǐ nóng zuò wù fēng shōu jiù làn yòng nóng yào　zhè
濫 加 調 料，為 了 使 農 作 物 豐 收 就 濫 用 農 藥，這

huì shǐ wǒ men de jiàn kāng cháo fù miàn fā zhǎn
會 使 我 們 的 健 康 朝 負 面 發 展。

對話

dǎ diàn huà
（打 電 話）

hù shi　　hé mù jiā yī yuàn　nín hǎo
護士：和 睦 家 醫 院。您 好！

bìng rén　nín hǎo　wǒ xiǎng kàn jí zhěn
病人：您 好，我 想 看 急 診。

hù shi　　qǐng wèn　nín nǎr bù shū fu
護士：請 問，您 哪 兒 不 舒 服？

bìng rén　wǒ fā shāo　lā dù zi
病人：我 發 燒、拉 肚 子。

hù shi　　qǐng wèn　nín guì xìng
護士：請 問，您 貴 姓？

bìng rén　wǒ xìng cài　jiào cài guó qiáng
病人：我 姓 蔡，叫 蔡 國 強。

hù shi　　hǎo　nín shén me shí hou lái wǒ men yī yuàn
護士：好，您 什 麼 時 候 來 我 們 醫 院？

bìng rén　wǒ xiàn zài jiù qù　dà gài èr shí fēn zhōng yǐ hòu jiù dào le
病人：我 現 在 就 去，大 概 二 十 分 鐘 以 後 就 到 了。

zài yī yuàn
（在 醫 院）

dài fu　　nǐ zěn me le
大夫：你 怎 麼 了？

bìng rén　dài fu　wǒ yǒu diǎnr fā shāo　hái yǒu lā dù zi
病人：大 夫，我 有 點 兒 發 燒，還 有 拉 肚 子。

dài fu　　xiān gěi nǐ liáng yi liáng tǐ wēn　ng sān shí bā dù　bù yào
大夫：先 給 你 量 一 量 體 溫。嗯，三 十 八 度，不 要

jǐn　zuó tiān nǐ chī le shén me le
緊。昨 天 你 吃 了 什 麼 了？

病人： 昨天我在夜市那兒吃了兩串羊肉串兒，回到宿舍就開始拉肚子了，到現在為止已經拉了五次了。

大夫： 看來是急性腸胃炎，你把上衣解開我聽聽，深呼吸。

病人： 大夫，我的病嚴重嗎？

大夫： 不太嚴重。這樣吧，我給你打一針，再給你開點兒藥，要是不見好，你再來看看。

病人： 好，謝謝大夫。

大夫： 記住，以後別再亂吃東西了，「病從口入」啊。

病人： 嗯，記住了，謝謝您，再見。

大夫： 再見。

相關詞語

1. 體檢 tǐjiǎn
2. 腦膜炎 nǎomóyán
3. 流感 liúgǎn
4. 心臟病 xīnzàngbìng
5. 盲腸炎 mángchángyán
6. 癌症 áizhèng
7. 嗓子疼 sǎngzi téng
8. 打點滴 dǎdiǎndī

9. 化驗 huàyàn
10. 中樞神經系統 zhōngshū shénjīng xìtǒng
11. 視網膜 shìwǎngmó
12. 腎臟 shènzàng
13. 肝臟 gānzàng
14. 照 X 光 zhào X guāng
15. 抽血 chōuxiě
16. 洗牙 xǐyá
17. 拔牙 báyá
18. 補牙 bǔyá
19. 掛號 guàhào
20. 住院 zhùyuàn

口語訓練

（一）二人一組，一人扮演醫生，一人扮演病人。

1. 病人告訴醫生哪裏不舒服。
2. 醫生為病人治病。

（二）參考用語

1. 感冒 gǎnmào
2. 牙疼 yáténg
3. 多休息 duō xiūxi
4. 注意飲食 zhùyì yǐnshí
5. 放鬆 fàngsōng
6. 鍛煉身體 duànliàn shēntǐ
7. 開藥方 kāi yàofāng
8. 抓藥 zhuāyào
9. 戒毒中心 jièdú zhōngxīn
10. 心理學家 xīnlǐxuéjiā
11. 按時吃藥 ànshí chīyào
12. 覆診 fùzhěn

聽力練習

請聽一段對話，然後回答三個問題。

問題 1：根據以上對話，什麼叫「吃不消」？
答案：

問題 2：小王為什麼覺得身體不太舒服？
答案：

問題 3：女的勸小王幹什麼？
答案：

第五課

現代建築

中國的建築經歷了近十年的蓬勃發展，在建築潮流、技術手段、設計理念等方面都出現了新趨勢。與此同時，外國建築師大量進入了中國的建築市場，給我國建築業帶來了先進的設計理念。

譬如上海陸家嘴金融區的環球金融中心，建築簡潔精細，具有現代魅力。北京CCTV新辦公大樓，建築的兩座鋼結構塔樓雙向內傾斜六度，在一百六十三米以上由「L」形懸臂結構連為一體，建築外表面十萬平方米的玻璃幕牆由強烈的不規則幾何圖案組成。位於北京人民大會堂西側的國家大劇院是一個巨大的、「漂浮在水面上」的半橢球體，覆蓋着銀色的鈦合金表皮。另外還有鳥巢、水立方等奧運建築都給中國傳統建築帶來了新衝擊。

quán qiú huà shì bù kě nì zhuǎn de qū shì　zài zhè gǔ cháo liú xià
全球化是不可逆轉的趨勢,在這股潮流下,

zhōng guó de jiàn zhù gèng yīng gāi bǎ wò hǎo jī huì　zài bǎo liú zì jǐ wén
中國的建築更應該把握好機會,在保留自己文

huà tè sè de tóng shí　xún qiú xīn de fā zhǎn fāng xiàng
化特色的同時,尋求新的發展方向。

對話

jiǎ　shàng xīng qī liù wǎn shang　wǒ gēn péng you yì qǐ qù le jiān shā zuǐ
甲:上星期六晚上,我跟朋友一起去了尖沙咀

de 「yī bā bā yī」
的「一八八一」。

yǐ　「yī bā bā yī」?「yī bā bā yī」zài nǎr a
乙:「一八八一」?「一八八一」在哪兒啊?

jiǎ　nǐ zhè ge shū dāi zi bù zhī dào le ba　「yī bā bā yī」jiù shì xiāng
甲:你這個書呆子不知道了吧,「一八八一」就是香

gǎng de qián shuǐ jǐng zǒng bù
港的前水警總部。

yǐ　nà jiù zài guǎng dōng dào hǎi gǎng chéng duì miàn ba
乙:那就在廣東道海港城對面吧?

jiǎ　nǐ shuō de duì　nà li cóng yī bā bā líng nián kāi shǐ dào yī jiǔ jiǔ liù
甲:你說得對。那裏從一八八零年開始到一九九六

nián　yì zhí dōu shì xiāng gǎng shuǐ jǐng zǒng bù　yī jiǔ jiǔ sì nián de
年,一直都是香港水警總部。一九九四年的

shí hou　gēn jù 《gǔ wù jí gǔ jì tiáo lì》　bèi liè wéi fǎ dìng gǔ jì
時候,根據《古物及古蹟條例》,被列為法定古蹟。

yǐ　kě shì tīng shuō nà li xiàn zài yǐ jing gǎi jiàn chéng jiǔ diàn hé shāng
乙:可是聽說那裏現在已經改建成酒店和商

chǎng le
場了。

jiǎ　shì de　xīn jiàn zhù qún jiù shì yī bā bā yī　èr líng líng sān nián
甲:是的,新建築群就是一八八一。二零零三年,

xiāng gǎng de yì jiā dì chǎn kāi fā shāng tóu dào le xiàng mù fā zhǎn
香港的一家地產開發商投到了項目發展

quán　tā men huā le liù nián duō de shí jiān　bǎo liú le zhè zuò yōng
權。他們花了六年多的時間,保留了這座擁

yǒu yì bǎi èr shí duō nián lì shǐ de qián shuǐ jǐng zǒng bù de yuán
有一百二十多年歷史的前水警總部的原

貌，並增添了新的建築，把它重新塑造成
集古蹟、飲食、娛樂、酒店於一體的購物商場。
要是晚上去那兒的話，在維港兩岸燈光的
襯托下，你會覺得分外漂亮。

乙：那裏都有哪些古蹟呀？

甲：有前水警總部主樓、馬廄、時間球塔、舊九龍
消防局和宿舍等等。

乙：真是「讀萬卷書不如走萬里路」啊。好，明天
我就去那兒參觀參觀。

相關詞語

1. 展覽館 zhǎnlǎnguǎn
2. 圍牆 wéiqiáng
3. 園林 yuánlín
4. 古典建築 gǔdiǎn jiànzhù
5. 博物館 bówùguǎn
6. 建築師 jiànzhùshī
7. 測量師 cèliángshī
8. 工程師 gōngchéngshī
9. 建築工地 jiànzhù gōngdì
10. 建築材料 jiànzhù cáiliào
11. 結構 jiégòu
12. 中央水庭 zhōngyāng shuǐtíng
13. 鋪花崗石片 pū huāgāngshí piàn
14. 渾然一體 húnrán yìtǐ

15. 中軸線 zhōngzhóu xiàn
16. 空間布局 kōngjiān bùjú
17. 主色調 zhǔsèdiào
18. 幾何效果 jǐhé xiàoguǒ
19. 八角涼亭 bājiǎo liángtíng
20. 塗料 túliào

口語訓練

（一）請介紹一座商場或者一座建築。

（二）參考用語

1. 香港滙豐銀行總行大廈
   Xiānggǎng Huìfēng Yínháng Zǒngháng Dàshà
2. 中國銀行總行大廈 Zhōngguó Yínháng Zǒngháng Dàshà
3. 太古廣場 Tàigǔ Guǎngchǎng
4. 中環置地廣場 Zhōnghuán Zhìdì Guǎngchǎng
5. 沙田新城市廣場 Shātián Xīnchéngshì Guǎngchǎng
6. 海港城 Hǎigǎngchéng
7. 太古城中心 Tàigǔchéng Zhōngxīn
8. 半島酒店 Bàndǎo Jiǔdiàn
9. 旺角朗豪坊 Wàngjiǎo Lǎngháofāng
10. 銅鑼灣時代廣場 Tóngluówān Shídài Guǎngchǎng
11. 香港國際機場客運大樓
    Xiānggǎng Guójì Jīchǎng Kèyùn Dàlóu
12. 香港國際金融中心 Xiānggǎng Guójì Jīnróng Zhōngxīn
13. 圓方 Yuánfāng
14. 法國羅浮宮 Fǎguó Luófú Gōng
15. 悉尼歌劇院 Xīní Gējùyuàn
16. 京都金閣寺 Jīngdū Jīngé Sì

聽力練習

請聽一段對話，然後回答三個問題。

問題 1：對話中兩人預計中國樓市的未來走勢如何？
答案：

問題 2：對話中提到現在上海市政府正忙着幹什麼？
答案：

問題 3：對話中男的預計中國樓市會調整多長時間？
答案：

筆落驚風雨

短文

漢字本來是一種象形化文字,本身具有圖象之美。毛筆又極富彈性,能作粗細、虛實、曲直、剛柔等各種形態的線條。漢字、毛筆、墨汁、硯台、宣紙,使中國的書法成為獨具一格的藝術。書法可以表達書法家的志向、修養和情趣,欣賞者更可以隨着筆墨的變化而與之產生共鳴。

作為中國古代藝術的一道風景線,歷代的書法藝術可謂名家輩出。魏晉時期,隸、草、行、楷各種書體同時發展,風格多樣,各臻其妙,如王羲之的《蘭亭序》,字體清勁,章法嚴謹,被譽為「天下第一行書」。唐代的顏真卿和柳公權兩位大家,「顏體」端莊渾厚,「柳體」骨力遒勁,對後世影響很深。至於張旭的草書,更是天馬行空,不可羈勒。

liàn xí shū fǎ kě yǐ táo yě xìng qíng , tí shēng gè rén sù zhì kě
練 習 書 法 可 以 陶 冶 性 情 ，提 昇 個 人 素 質 ，可

yǐ zhǎn xiàn chū rén duì měi hé shàn de zhuī qiú jí shǐ shí dài bú duàn
以 展 現 出 人 對 美 和 善 的 追 求。即 使 時 代 不 斷

yǎn biàn rén men duì měi hé shàn de zhuī qiú réng shì bú huì qīng yì gǎi
演 變 ，人 們 對 美 和 善 的 追 求 仍 是 不 會 輕 易 改

biàn de
變 的。

摘自施仲謀《中華文化擷英》，北京大學出版社，2008 年。

對話

jiǎ jīn nián xiāng gǎng de shū zhǎn nǐ qù le méi yǒu
甲：今 年 香 港 的 書 展 ，你 去 了 沒 有？

yǐ qù guò le wǒ qù tīng le yì chǎng jiǎng zuò ruò dà de huì zhǎn
乙：去 過 了，我 去 聽 了 一 場 講 座 ，偌 大 的 會 展

zhōng xīn jū rán bào mǎn yǒu shí hou jué de xiāng gǎng tǐng wén
中 心 居 然 爆 滿。有 時 候 覺 得 香 港 挺「文

huà de xiāng gǎng bú shi shén me wén huà de shā mò
化」的，香 港 不 是 什 麼「文 化 的 沙 漠」。

jiǎ nǐ shuō de duì suī shuō xiāng gǎng shì gè huá yáng gòng chǔ de shāng
甲：你 說 得 對。雖 說 香 港 是 個 華 洋 共 處 的 商

yè shè huì kě xiāng gǎng zuò jiā jīn yōng gǔ lóng liáng yǔ shēng
業 社 會，可 香 港 作 家 金 庸、古 龍、梁 羽 生

děng què zài guò qù de bàn gè shì jì li yǐng xiǎng le jǐ dài huá
等，卻 在 過 去 的 半 個 世 紀 裏 影 響 了 幾 代 華

rén nǐ kàn èr shí duō nián qián diàn shì jù huò yuán jiǎ shè
人。你 看 二 十 多 年 前，電 視 劇《霍 元 甲》、《射

diāo yīng xióng zhuàn zài gè dì bō fàng de shí duàn dà jiē xiǎo
鵰 英 雄 傳》在 各 地 播 放 的 時 段，大 街 小

xiàng lián gè rén dōu zhǎo bú dào
巷，連 個 人 都 找 不 到。

yǐ shì a bā shí nián dài shì xiāng gǎng liú xíng wén huà de quán shèng
乙：是 啊，八 十 年 代 是 香 港 流 行 文 化 的 全 盛

shí qī nà shí hou tán yǒng lín méi yàn fāng zhāng guó róng dōu shì
時 期。那 時 候，譚 詠 麟、梅 艷 芳、張 國 榮 都 是

fù rú jiē zhī de rén wù xiāng gǎng de diàn yǐng gèng shì wén huà de qí
婦 孺 皆 知 的 人 物。香 港 的 電 影 更 是 文 化 的 奇

葩：從 李 翰 祥 到 李 小 龍，從 王 家 衛 到 吳 宇
森，都 給 全 球 華 人 留 下 了 深 刻 的 印 象。

甲：除 了 流 行 文 化，香 港 的 知 識 界 也 有 很 多 文
化 名 人：有 蜚 聲 國 際 的 漢 學 家 饒 宗 頤，還 有
已 故 國 學 家 錢 穆，是 他 們 把 國 學 的 香 火 傳
播 到 了 香 港。

乙：沒 錯，香 港 既 是 中 西 合 璧 的 大 都 會，又 是 雅
俗 共 賞 的、自 由 的 文 化 沃 土。

相關詞語

1. 陶冶 táoyě
2. 素質 sùzhì
3. 彈性 tánxìng
4. 嚴謹 yánjǐn
5. 志向 zhìxiàng
6. 情趣 qíngqù
7. 欣賞 xīnshǎng
8. 傳統 chuántǒng
9. 深刻 shēnkè
10. 素質 sùzhì
11. 奇葩 qípā
12. 印象 yìnxiàng
13. 端莊 duānzhuāng
14. 性情 xìngqíng
15. 演變 yǎnbiàn

16. 虛實 xūshí
17. 遒勁 qiújìng
18. 修養 xiūyǎng
19. 渾厚 húnhòu
20. 共鳴 gòngmíng
21. 蜚聲國際 fēishēng guójì
22. 婦孺皆知 fùrú jiē zhī
23. 雅俗共賞 yǎsú gòngshǎng
24. 天馬行空 tiānmǎ xíng kōng
25. 獨具一格 dú jù yì gé
26. 中西合璧 zhōngxī hébì

口語訓練

分組討論：討論怎樣推動香港成為亞洲文化產業中心。

（一）熱身話題：介紹香港本地的流行文化，如粵曲、功夫電影等，
　　　認識香港文化產業的價值和優勢。

（二）分組從以下幾個不同的層面進行討論。

1. 介紹一種新興的文化產業，或探討如何發掘本地人才的創
　 意潛力，為香港開發有創意的文化產業。
2. 介紹香港小交響樂團、話劇團，或中樂團等的發展及貢獻，
　 提升香港市民文化素質，帶動香港市民不斷地增值。
3. 解釋文化產業並非消耗財富，很多文化如電影、出版等均
　 具有創收能力，為香港創造商機。
4. 政府應該加強宣傳的工作，為文化產業尋求新出路，使香
　 港的文化產業得到發展，與國際先進水平接軌。

（三）各小組選派代表進行總結性發言。

聽力練習

請聽一段對話，然後回答三個問題。

問題 1：中國畫一向講究什麼？

　　　　A.　☐

　　　　B.　☐

　　　　C.　☐

　　　　D.　☐

問題 2：「蛙聲十里出山泉」是哪一朝代詩人的詩句？

　　　　A.　☐

　　　　B.　☐

　　　　C.　☐

　　　　D.　☐

問題 3：這段對話讚揚了齊白石大師的什麼？

　　　　A.　☐

　　　　B.　☐

　　　　C.　☐

　　　　D.　☐

從「克隆羊」到「克隆人」

短文

一九九七年，英國科學家成功地運用綿羊身上的體細胞，培育出世界上第一隻克隆羊—「多莉」。這是生物基因工程研究領域的一項重大技術突破，預示了「克隆人」成為可能。採用生物技術，由無性生殖產生出與原個體完全相同的基因組，並培育出後代的過程就是克隆。治療性克隆是利用胚胎幹細胞克隆人體器官，供醫學研究或解決器官移植不足的問題，而克隆的胚胎一般不能超出妊娠十四天，這獲得大部分社會人士的支持。生殖性克隆則指克隆人，這違背了人類有性繁殖的自然出生原則，也踐踏了人的尊嚴、漠視了生命的價值。聯合國教科文組織、世界衛生組織和各國政府，都明確表示反對。

xiàn dài shēng mìng kē jì shì yì bǎ shuāng rèn jiàn　zài zào fú rén lèi
現 代 生 命 科 技 是 一 把 雙 刃 劍，在 造 福 人 類

de tóng shí　yě huì dài lái yì xiē fù miàn xiào yìng　yīn cǐ　duì kè lóng jì
的 同 時，也 會 帶 來 一 些 負 面 效 應。因 此，對 克 隆 技

shù de guī fàn hé guǎn lǐ　yīng jiā qiáng lún lǐ de guī fàn hé yǐn dǎo　cái
術 的 規 範 和 管 理，應 加 強 倫 理 的 規 範 和 引 導，才

yǒu lì yú kē xué de jiàn kāng fā zhǎn　bìng zào fú rén lèi
有 利 於 科 學 的 健 康 發 展，並 造 福 人 類。

對話

jiǎ　bào shang shuō zhōng guó nǐ dìng de yuè qiú tàn cè jì huà gòng fēn
甲：報 上 說 中 國 擬 定 的 月 球 探 測 計 畫 共 分
chéng sān gè jiē duàn
成 三 個 階 段。

yǐ　nǎ sān gè jiē duàn
乙：哪 三 個 階 段？

jiǎ　zhè sān gè jiē duàn jiù shì　tàn yuè　dēng yuè hé zhù yuè　xiàn zài de
甲：這 三 個 階 段 就 是：探 月、登 月 和 駐 月。現 在 的
yuè qiú tàn cè jì huà hái shi zài　tàn yuè　jiē duàn
月 球 探 測 計 畫 還 是 在「探 月」階 段。

yǐ　shén me shí hou cái néng dào　dēng yuè　jiē duàn
乙：什 麼 時 候 才 能 到「登 月」階 段？

jiǎ　gū jì děi děng dào èr líng èr sì nián yǐ hòu　zhōng guó cái néng jìn
甲：估 計 得 等 到 二 零 二 四 年 以 後，中 國 才 能 進
rù zài rén dēng yuè de fǎn huí jiē duàn　yīn wèi zhè shì yí gè fēi cháng
入 載 人 登 月 的 返 回 階 段，因 為 這 是 一 個 非 常
fù zá de xì tǒng gōng chéng　mù qián　zhōng guó hái yǒu hěn duō
複 雜 的 系 統 工 程。目 前，中 國 還 有 很 多
jì shù shàng de nán tí xū yào jiě jué　bǐ rú shuō yǔ háng yuán chū
技 術 上 的 難 題 需 要 解 決，比 如 說 宇 航 員 出
cāng　fēi chuán de duì jiē　dà tuī lì huǒ jiàn de yán zhì děng děng
艙、飛 船 的 對 接、大 推 力 火 箭 的 研 製 等 等，
zhè xiē dōu bú shì duǎn qī nèi kě yǐ jiě jué de
這 些 都 不 是 短 期 內 可 以 解 決 的。

yǐ　nà qǐ mǎ děi děng dào yǔ háng yuán dēng lù yuè qiú yǐ hòu　zhōng guó
乙：那 起 碼 得 等 到 宇 航 員 登 陸 月 球 以 後，中 國
cái huì yǒu zài yuè qiú jiàn shè jī dì de dǎ suan lou
才 會 有 在 月 球 建 設 基 地 的 打 算 嘍。

甲：你說得對。看起來「駐月」得等到二零三零年
以後才能實現了。

乙：對了。我相信，中國的「探月」活動不僅為
中國科學的創新和發展提供新的機遇，也
會促進經濟發展和社會繁榮。

甲：是的。二零零四年一月，中國政府決定將
探月工程命名為「嫦娥工程」，所以第
一顆繞月衛星就命名為「嫦娥一號」。

乙：中國的科學家真了不起。

相關詞語

1. 克隆技術 kèlóng jìshù
2. 生物基因工程 shēngwù jīyīn gōngchéng
3. 醫學研究 yīxué yánjiū
4. 器官移植 qìguān yízhí
5. 胚胎 pēitāi
6. 妊娠 rènshēn
7. 繁殖 fánzhí
8. 原子能技術 yuánzǐnéng jìshù
9. 高能物理 gāonéng wùlǐ
10. 生物科技 shēngwù kējì
11. 電腦技術 diànnǎo jìshù
12. 資訊技術 zīxùn jìshù
13. 仿人機器人 fǎng rén jīqìrén
14. 探月衛星 tànyuè wèixīng

15. 精密製造 jīngmì zhìzào
16. 清潔能源 qīngjié néngyuán
17. 資源勘探開發 zīyuán kāntàn kāifā
18. 生態保護 shēngtài bǎohù
19. 光電子材料 guāngdiànzǐ cáiliào
20. 納米材料 nàmǐ cáiliào
21. 中國科學院 Zhōngguó Kēxuéyuàn
22. 中國工程院 Zhōngguó Gōngchéngyuàn

口語訓練

(一) 兩人或三人一組，介紹一種科技新產品。

1. 介紹這種產品是哪個國家發明的。
2. 介紹這種產品的使用方法。

(二) 參考用語

1. 視頻 shìpín
2. 隨身攜帶 suíshēn xiédài
3. 應用程式 yìngyòng chéngshì
4. 非凡體驗 fēifán tǐyàn
5. 智能輸入法 zhìnéng shūrùfǎ
6. 全新功能 quánxīn gōngnéng
7. 先睹為快 xiān dǔ wéi kuài
8. 撥打電話 bōdǎ diànhuà
9. 播放歌曲 bōfàng gēqǔ
10. 聽懂你的指令 tīngdǒng nǐ de zhǐlìng
11. 三大功能盡集一身 sān dà gōngnéng jìn jí yìshēn
12. 完美結合 wánměi jiéhé
13. 配備 pèibèi
14. 攝像 shèxiàng
15. 語音控制 yǔyīn kòngzhì

16. 32GB 存儲空間 32GB cún chǔ kōngjiān
17. 300 萬像素相機 300 wàn xiàng sù xiàngjī
18. 剪切、拷貝、粘貼 jiǎn qiē、kǎobèi、zhāntiē
19. 發短信 fā duǎnxìn
20. 網路瀏覽器 wǎnglù liúlǎnqì
21. 屏幕 píngmù

聽力練習

請聽一段對話，然後回答三個問題。

問題 1：對話中男的喜歡蓋茨還是喬布斯？
答案：

問題 2：對話中女的為什麼比較喜歡蓋茨？
答案：

問題 3：什麼是「藍海策略」？
答案：

中國航天技術之父——錢學森

短文

錢學森生於一九一一年，祖籍杭州。上海交通大學畢業後，他前往美國麻省理工學院學習，成為航空工程和空氣動力學專家。畢業後曾任教於加州理工學院，後受聘於麻省理工學院，成為該院最年輕的終身教授，也是該院歷史上第一位中國籍的教授。

一九四七年，錢學森在《飛向太空》的學術報告中提出，利用大型多級火箭可以達到第一宇宙速度，擺脫地球引力，發射人造衛星、載人飛船以及登月火箭。這個報告吸引了美國的火箭專家、知名學者和華府的軍界要人。同年底，他寫出了世界上第一篇核能火箭的論文《關於火箭核能發動機》，為星際航行開拓了新領域。他的研究成為當時美國噴氣式飛機和火箭技術的先鋒，被公認為航天器長遠規劃的關鍵人物。

當時有人認為，錢學森的話根本不可能實現。

一九五五年，錢學森回到祖國，全身心地投入了科研，為中國航空航天技術的發展做出了傑出的貢獻，被譽為中國航天技術之父。二十世紀下半葉，人類實現了飛向太空的夢想，也證實了錢學森建立在嚴密的邏輯和縝密的科學研究之上的預言。

對話

甲：馬寅初是世界著名經濟學家、人口學家。他一八八二年出生，一九八二年去世，走過了一百年艱難而又光輝的歷程。五十年代，他從經濟學家的角度指出社會的經濟和人口問題。在當時的歷史環境下，真是難能可貴。

乙：他不但學術上有建樹，而且他把關注社會作為自己的責任，表現出高貴的品質。可以說，馬老這樣的知識份子，是社會的良心，是堅持真理的人。

甲：是啊，馬老在「人多力量大」的口號喊得最響的時候提出來新人口論，指出，只增加人口而忽視人口質量和按比例發展，中國經濟的發展將受到極大的影響。

乙：馬老說：「我對我的理論有相當把握，不能不堅持，學術的尊嚴不能不維護！」並預言：「我相信幾十年以後，事實會說明我是對的。」

甲：歷史事實證明了馬老「新人口論」的正確。

相關詞語

1. 革新 géxīn
2. 抨擊 pēngjī
3. 經濟學 jīngjìxué
4. 人口學 rénkǒuxué
5. 新人口學理論 xīn rénkǒuxué lǐlùn
6. 節制生育 jiézhì shēngyù
7. 可耕面積 kě gēng miànjī
8. 平衡發展 pínghéng fāzhǎn
9. 按比例 àn bǐlì
10. 利大於弊 lì dà yú bì
11. 強國富民 qiáng guó fù mín
12. 學術 xuéshù
13. 尊嚴 zūnyán
14. 預言 yùyán
15. 民族 mínzú
16. 事實 shìshí

口語訓練

（一）常識交流，說說：

1. 中國的人口政策有哪些規定？
2. 進入二十一世紀後，中國的人口政策有什麼變化？

（二）分成三至四人的小組，可自選或由老師指定題目，討論約十分
　　鐘。

　　　1.　進入二十一世紀後，中國的人口政策爲什麼發生變化？
　　　2.　中國人口增長對世界經濟有什麼影響？
　　　3.　控制人口是不是侵犯人權？

（三）各小組代表向全班報告討論結果。

（四）參考用語

　　　1.　獨生子女 dú shēng zǐnǔ
　　　2.　一孩政策 yì hái zhèngcè
　　　3.　世界人口 shìjiè rénkǒu
　　　4.　流動人口 liúdòng rénkǒu
　　　5.　人口質量 rénkǒu zhìliàng
　　　6.　人口爆炸 rénkǒu bàozhà
　　　7.　饑荒 jīhuāng
　　　8.　災害 zāihài
　　　9.　有增無減 yǒu zēng wú jiǎn
　　　10. 遠見 yuǎnjiàn
　　　11. 證明 zhèngmíng
　　　12. 溫飽問題 wēnbǎo wèntí
　　　13. 符合 fúhé
　　　14. 國情 guóqíng

聽力練習

下面是一段短文，聽完後請回答三個問題。

問題 1 答案：

　　A.　☐
　　B.　☐
　　C.　☐
　　D.　☐

問題 2 答案：

A. ☐

B. ☐

C. ☐

D. ☐

問題 3 答案：

A. ☐

B. ☐

C. ☐

D. ☐

第九課

世界屋脊上的水壩

位於西藏高原的雅魯藏布江是世界上地理位置最高的河流。中國將在江上修築五個大壩，其中一個已實施計畫，它將成為「世界屋脊上的水壩」。這五個大壩建成後，總發電能力比長江三峽大壩還要大幾倍。除向香港和廣東供電外，剩餘的電力還可出售給緬甸、泰國、孟加拉、老撾、柬埔寨等國。

雅魯藏布江流入印度，形成百萬人賴以生存的布拉馬普特拉河。修建大壩可能會破壞印度和喜馬拉雅山地區的生態環境及影響人民生活，威脅印度東北部的農業和工業。為此，印度政府表示極度關注。印度外交事務方面的專家認為，工程將嚴重影響中國與河流下游國家的關係。

一些國家指中國在非洲地區開採礦石、天然氣等項目，為這些地區帶來的好處並不多，

què zhù zhǎng le dāng dì zhèng fǔ duì rén quán de jiàn tà　ér zhōng guó
卻 助 長 了 當 地 政 府 對 人 權 的 踐 踏。而 中 國

fāng miàn zé fǎn bó zhè xiē zhǐ zé bié yǒu mù dì　bèi hòu yuán yīn　gēn běn
方 面 則 反 駁 這 些 指 責 別 有 目 的。背 後 原 因，根 本

hái shi zài yú duì zì rán zī yuán de zhàn yǒu　bù nán tuī cè　jīn hòu yīn
還 是 在 於 對 自 然 資 源 的 佔 有。不 難 推 測，今 後 因

zhēng duó zì rán zī yuán　tè bié shì néng yuán hé shuǐ yuán ér yǐn qǐ de
爭 奪 自 然 資 源，特 別 是 能 源 和 水 源 而 引 起 的

guó jì jiū fēn huì yù yǎn yù liè
國 際 糾 紛 會 愈 演 愈 烈。

對話

jiǎ　zuì jìn nǐ yǒu mei yǒu kàn dào zhōng guó yào zài yǎ lǔ zàng bù jiāng xiū
甲：最 近 你 有 沒 有 看 到 中 國 要 在 雅 魯 藏 布 江 修

zhù shuǐ bà de xiāo xi
築 水 壩 的 消 息？

yǐ　kàn dào le　jì huà shì wǔ ge dà bà　xiàn zài yǒu yí gè yǐ jing kāi
乙：看 到 了。計 畫 是 五 個 大 壩，現 在 有 一 個 已 經 開

gōng　wèi zhi shì zài lā sà de dōng nán
工，位 置 是 在 拉 薩 的 東 南。

jiǎ　wǒ yě kàn dào yìn dù zhèng fǔ duì cǐ yǒu hěn qiáng liè de fǎn yìng
甲：我 也 看 到 印 度 政 府 對 此 有 很 強 烈 的 反 應。

yǐ　fǎn yìng qiáng liè yě shì zhèng cháng de　nǐ xiǎng　rú guǒ nǐ men guó
乙：反 應 強 烈 也 是 正 常 的。你 想，如 果 你 們 國

jiā de yì tiáo dà hé de shuǐ liú jiǎn shǎo　shèn zhì gān le　lǎo bǎi xìng
家 的 一 條 大 河 的 水 流 減 少，甚 至 乾 了，老 百 姓

zěn me shēng huó　zhè zhǒng qián zài de wēi xié bù néng hū shì
怎 麼 生 活？這 種 潛 在 的 威 脅 不 能 忽 視。

jiǎ　nǐ zhè me yì shuō　wǒ xiǎng qǐ lái lìng yí gè gōng chéng jì huà　shì
甲：你 這 麼 一 說，我 想 起 來 另 一 個 工 程 計 畫，是

zhōng guó dǎ suan zài lán cāng jiāng xiū shuǐ bà　miǎn diàn　lǎo wō
中 國 打 算 在 瀾 滄 江 修 水 壩。緬 甸、老 撾、

tài guó dōu tí chū le kàng yì
泰 國 都 提 出 了 抗 議。

yǐ　yǒu yì shǒu shī　shì xiě gěi miǎn diàn yǒu rén de　kāi tóu liǎng jù
乙：有 一 首 詩，是 寫 給 緬 甸 友 人 的，開 頭 兩 句

shì　wǒ zhù jiāng zhī tóu　jūn zhù jiāng zhī wěi　bǐ cǐ qíng wú
是：「我 住 江 之 頭，君 住 江 之 尾，彼 此 情 無

限，共飲一江水。」你想想，江頭節流了，江尾還有多少水呢？

甲：是啊，水資源真是太寶貴了，沒有水，我們根本沒法生存。難怪外交事務方面的專家警告說，這些水利工程會嚴重影響中國和其他相關國家的關係。

乙：除了水資源以外，還有其他自然資源，比如，石油、天然氣、礦產等等，都是各國爭相開發的領域。但是這些資源畢竟有限，糾紛也就在所難免了。

相關詞語

1. 世界屋脊 shìjiè wūjǐ
2. 雅魯藏布江 Yǎlǔzàngbù Jiāng
3. 布拉馬普特拉河 Bùlāmǎpǔtèlā Hé
4. 大壩 dàbà
5. 供應 gōngyìng
6. 出售 chūshòu
7. 生態平衡 shēngtài pínghéng
8. 威脅 wēixié
9. 自然資源 zìrán zīyuán
10. 踐踏 jiàntà
11. 指責 zhǐzé
12. 佔有 zhànyǒu
13. 糾紛 jiūfēn

14. 推測 tuīcè
15. 爭奪 zhēngduó
16. 愈演愈烈 yù yǎn yù liè
17. 嚴重 yánzhòng
18. 礦產 kuàngchǎn
19. 領域 lǐngyù
20. 緬甸 Miǎndiàn
21. 老撾 Lǎowō
22. 越南 Yuènán
23. 柬埔寨 Jiǎnpǔzhài
24. 孟加拉 Mèngjiālā
25. 印度 Yìndù
26. 泰國 Tàiguó

口語訓練

（一）常識交流，說說：

1. 中國有哪些主要河流流入其他國家？
2. 這些河流在中國境內叫什麼？流入其他國家後叫什麼？

（二）四人一個小組，自選或由老師指定兩個題目，討論約十分鐘。

1. 在跨國河流上修水壩的利弊。
2. 你對一個國家允許外國開發其資源有什麼看法？
3. 中國在哪些非洲國家有開發項目？這些項目對當地有什麼利弊？
4. 三峽大壩的利用和現狀。

（三）參考用語

1. 正面 zhèngmiàn
2. 負面 fùmiàn
3. 水利 shuǐlì

4. 礦產 kuàngchǎn
5. 石油 shíyóu
6. 天然氣 tiānránqì
7. 環境污染 huánjìng wūrǎn
8. 空氣 kōngqì
9. 國民經濟總產值 guómín jīngjì zǒngchǎnzhí
10. 武裝衝突 wǔzhuāng chōngtū
11. 和平共處 hépíng gòngchǔ
12. 互惠互利 hùhuì hùlì
13. 剝削 bōxuē
14. 破壞 pòhuài
15. 熱帶雨林 rèdài yǔlín
16. 瀕臨滅絕 bīn lín mièjué
17. 平衡 pínghéng
18. 溫室效應 wēnshì xiàoyìng
19. 自然災害 zìrán zāihài
20. 懲罰 chéngfá

聽力練習

下面是一段對話，聽完後請回答三個問題。

問題 1 答案：

A. ☐
B. ☐
C. ☐
D. ☐

問題 2 答案：

A. ☐
B. ☐
C. ☐
D. ☐

問題 3 答案：

A. ☐

B. ☐

C. ☐

D. ☐

第十課

臺海高鐵隧道工程

據南華早報二零一零年三月十四日的報導，中國政府在批准建設連接中國各地的高速鐵路網路後，又提出一個宏大的計畫——修建穿過臺灣海峽的海底高鐵隧道，把福建和臺灣連成一線，並與通往北京、上海、南昌等地區的高鐵網路連通。目前，海底高鐵隧道的最佳入口處還在討論中。這條海底高鐵隧道預計耗時十年，耗資兩千億元人民幣。

從技術上看，難度相當高。目前世界最長的海底隧道鐵路為五十三點八公里，而臺灣海峽隧道的長度至少需一百二十六公里。中國鐵道部稱，中國已經建成了中部到西部的四十多公里長的穿山高鐵隧道，在技術上已有相當經驗。把臺灣西部和國內的高速鐵路網連接起來，是國家中、長期計畫的一部分，有利

於海峽兩岸的經濟發展。而臺灣方面已有評論說，這個計劃是「一廂情願」，不值得一談。

但多數人認為，該計畫可行與否，主要不是在技術上，而是在政治上。在海峽兩岸的政治分歧沒有解決之前，修建海峽隧道的可能性微乎其微。

對話

甲：現在中國政府拿出大量人力物力修建高速鐵路，中國的東部到中部的高鐵網路已經形成了。到二零一二年，全國將有四十二條高鐵線，總長是一萬三千公里。計畫是覆蓋全國百分之七十的、人口在五百萬以上的城市。

乙：現在已經運行的廣州到武漢一段高鐵，行車速度是每小時三百五十公里，時間從十多個小時縮短到三個半小時。高鐵網的建成，對航空公司的業務是不是一種挑戰呢？

甲：如果坐高鐵比坐飛機慢不了太多的話，當然是選擇坐高鐵了。但是如果兩地的距離超過一千公里，高鐵就沒有飛機經濟了。

乙：香港立法會最近在一片抗議聲中通過了連接廣州的高鐵預算，總數為六百六十九億港幣。這段長二十六公里的鐵路，每公里造價是二十五點七億港幣，是目前世界上最貴的。不知道這一段高鐵的經濟效益會怎麼計算。

甲：政府方面當然是從長期的經濟目標來考慮。香港和國內高鐵網接通，必然有好處。但是短時期看，政府可能需要補貼票價，才能爭取比較大的客流。

相關詞語

1. 高速鐵路網路 gāosù tiělù wǎnglù
2. 批准 pīzhǔn
3. 海底隧道 hǎidǐ suìdào
4. 穿山隧道 chuānshān suìdào
5. 預計 yùjì
6. 耗時 hàoshí
7. 耗資 hàozī
8. 難度 nándù

9.　相當 xiāngdāng
10.　至少 zhìshǎo
11.　評論 pínglùn
12.　一廂情願 yì xiāng qíngyuàn
13.　多數人 duōshùrén
14.　可行性 kěxíngxìng
15.　可能性 kěnéngxìng
16.　分歧 fēnqí
17.　解決 jiějué
18.　微乎其微 wēi hū qí wēi

口語訓練

（一）角色扮演

　　兩個同學一組，各代表臺海兩岸，雙方就修建臺海高鐵隧道事宜進行磋商。主要內容是：

1.　建設預算以及費用如何分擔
2.　如何處理臺海高鐵乘客的過境問題
3.　除了高鐵，是否有更經濟、更切實際的交通方式

　　在分組活動開始前，先練習用普通話說出下面這些數字：

549,004	1,457,886
43,579,645	365,024,407
2,783,916,310	67,098,135,244
935,402,178,602	

（二）分組活動後，各組可自願或由老師選若干組在班上示範。

（三）參考用語

1.　百分之四 bǎi fēnzhī sì
2.　三成 sānchéng
3.　總投資 zǒng tóuzī
4.　按時 ànshí

5. 質量 zhìliàng

6. 速度 sùdù

7. 施工 shīgōng

8. 地震 dìzhèn

9. 位置 wèizhi

10. 地理環境 dìlǐ huánjìng

11. 優勢 yōushì

12. 經濟 jīngjì

13. 效益 xiàoyì

14. 預算 yùsuàn

15. 長期 chángqī

16. 中期 zhōngqī

17. 短期 duǎnqī

18. 補貼 bǔtiē

19. 客流量 kèliúliàng

20. 節省 jiéshěng

21. 形成 xíngchéng

22. 臥鋪 wòpù

23. 慢車 màn chē

24. 渡輪 dùlún

25. 過境 guòjìng

26. 邊檢 biān-jiǎn

聽力練習

下面是一段對話，聽完後回答三個問題。

問題 1 答案：

A. ☐

B. ☐

C. ☐

D. ☐

問題 2 答案：

    A.　☐

    B.　☐

    C.　☐

    D.　☐

問題 3 答案：

    A.　☐

    B.　☐

    C.　☐

    D.　☐

抗戰時期西南聯大散記

短文

日寇侵佔華北,「七七」抗戰開始。原在北平的北大、清華和天津的南開大學,奉命遷往湖南長沙,成立「臨時大學」,在長沙駐有半年,又奉命遷往雲南昆明,改名為「國立西南聯合大學」,直到一九四六年夏聯大宣布結束。雖短短只有八、九年的時間,它在中國教育史上卻留下了不可磨滅的、光輝的一段歷史。

聯大師生們物質生活艱苦,精神生活卻十分活躍。百家爭鳴成為聯大的學風,學術民主盛行。聯大師生有不同的政治立場,但其共同的信念是愛國、保衛國家,爭取民族獨立。辦學的目的是培養建國人才。建設國家,首先要愛這個國家,必須是關心民族命運的愛國者。這種情況與當時抗戰時期的總形勢和中華民族的歷史使命是一致的。

kàng zhàn shèng lì hòu　xī nán lián dà jiě sàn　sān xiào gè lì mén
抗　戰　勝　利　後，西　南　聯　大　解　散。三　校　各　立　門

hù　rì zi guò de hái bú cuò　dàn zǒng gǎn dào sì hū hái quē shǎo diǎn
戶，日　子　過　得　還　不　錯，但　總　感　到　似　乎　還　缺　少　點

shén me　xī nán lián dà de xíng xiàng cháng qī liú zài rén men de jì yì
什　麼。西　南　聯　大　的　形　象　長　期　留　在　人　們　的　記　憶

li　lì jiǔ mí xīn
裏，歷　久　彌　新。

節選自黃向明主編《夢縈未名湖》，任繼愈之《抗戰時期西南聯大散記》，
香港文藝出版社，2009 年。

對話

jiǎ　shàng ge yuè qù kūn míng　cān guān le xī nán lián dà jiù zhǐ　kàn dào
甲：上　個　月　去　昆　明，參　觀　了　西　南　聯　大　舊　址。看　到

nà me jiǎn lòu de jiào shì　liǎo jiě dào xī nán lián dà wèi guó jiā péi
那　麼　簡　陋　的　教　室，了　解　到　西　南　聯　大　為　國　家　培

yǎng chū nà me duō jié chū de rén cái　hěn yǒu gǎn chù
養　出　那　麼　多　傑　出　的　人　才，很　有　感　觸。

yǐ　wǒ men zài kè shàng gāng gāng dú le rén jì yù xiān sheng de　kàng
乙：我　們　在　課　上　剛　剛　讀　了　任　繼　愈　先　生　的《抗

zhàn shí qī xī nán lián dà sǎn jì　rén xiān sheng tí dào de xué fēng
戰　時　期　西　南　聯　大　散　記》，任　先　生　提　到　的　學　風

hé xué shù mín zhǔ wèn tí　xiàn zài hái yǒu zhòng yào de yì yì　tè
和　學　術　民　主　問　題，現　在　還　有　重　要　的　意　義。特

bié shì tā jiǎng dào de yí wèi jiào shòu duì chí bù tóng xué shù guān diǎn
別　是　他　講　到　的　一　位　教　授　對　持　不　同　學　術　觀　點

de xué sheng jǐ yǔ gǔ lì　bìng shuō　xué shù miàn qián　zhǐ zhòng
的　學　生　給　予　鼓　勵，並　說，學　術　面　前，只　重

zhèng jù　bú lùn zī gé　wǒ jué de fēi cháng kě guì
證　據，不　論　資　格。我　覺　得　非　常　可　貴。

jiǎ　shì ā　hěn duō rén dōu huì shuō xué shù mín zhǔ　dàn shì xué sheng men
甲：是　啊，很　多　人　都　會　說　學　術　民　主，但　是　學　生　們

dà dōu bù huì míng què biǎo shì yǔ lǎo shī bù tóng de jiàn jiě　yóu qí shì
大　都　不　會　明　確　表　示　與　老　師　不　同　的　見　解。尤　其　是

kǎo shì de shí hou　bù tóng jiàn jiě kě néng ná bú dào hǎo fēn shù
考　試　的　時　候，不　同　見　解　可　能　拿　不　到　好　分　數。

乙：還有一點是任先生講的當時的生活。有一段時間，由於日本飛機空襲，學校常不能正常上課，物資也非常緊缺。但是這些都沒有影響同學的求知欲望和學習熱情。

甲：我知道中緬公路修通後，聯大請了很多歸國過路的名人演講，比如徐悲鴻、林語堂、焦菊隱。我有時候會想，如果我出生在那樣的年代會怎麼樣？我們現在的生活這麼無憂無慮，在學業上應該更努力才是。

相關詞語

1. 中國教育史 Zhōngguó jiàoyùshǐ
2. 物質生活 wùzhì shēnghuó
3. 百家爭鳴 bǎijiā-zhēngmíng
4. 學風 xuéfēng
5. 盛行 shèngxíng
6. 政治立場 zhèngzhì lìchǎng
7. 總形勢 zǒng xíngshì
8. 形象 xíngxiàng
9. 歷久彌新 lìjiǔ míxīn
10. 舊址 jiù zhǐ
11. 感觸 gǎnchù
12. 證據 zhèngjù
13. 資格 zīgé

14. 責任感 zérèn gǎn
15. 求知 qiúzhī
16. 無憂無慮 wú yōu wú lǜ
17. 國情 guóqíng
18. 歷史任務 lìshǐ rènwu
19. 使命 shǐmìng
20. 溫故知新 wēngù zhīxīn

口語訓練

（一）小組討論，每組四至五人，每組選兩個題目，討論約十分鐘。

討論由一個同學主持，引導討論。討論後小組代表向全班報告討論結果。

1. 什麼是百家爭鳴、學術民主？
2. 你認為什麼樣的環境對學習最有益？
3. 學習的目的是什麼？
4. 什麼是精神生活？

（二）參考用語

1. 精神生活 jīngshén shēnghuó
2. 學術民主 xuéshù mínzhǔ
3. 活躍 huóyuè
4. 豐富 fēngfù
5. 教育 jiàoyù
6. 目的 mùdì
7. 開拓眼界 kāituò yǎnjiè
8. 言之成理 yán zhī chéng lǐ
9. 吸引 xīyǐn
10. 趣味 qùwèi
11. 肯定 kěndìng
12. 否定 fǒudìng

13. 系統 xìtǒng
14. 商榷 shāngquè
15. 談論 tánlùn
16. 討論 tǎolùn
17. 爭論 zhēnglùn
18. 辯論 biànlùn
19. 觀察 guānchá
20. 思考 sīkǎo
21. 求證 qiúzhèng
22. 總結 zǒngjié

聽力練習

請聽一篇短文，然後回答三個問題。

問題 1 答案：

A. ☐
B. ☐
C. ☐
D. ☐

問題 2 答案：

A. ☐
B. ☐
C. ☐
D. ☐

問題 3 答案：

A. ☐
B. ☐
C. ☐
D. ☐

第十二課

己所不欲，勿施於人

中國文化精神以儒家思想為代表，儒家思想的最大特色是對人文的重視。春秋戰國之際，社會劇烈動盪，孔子提出了以「仁」為核心的學說。什麼是「仁」？簡單來說，即是「愛人」的意思，「老吾老以及人之老，幼吾幼以及人之幼」，己所不欲，勿施於人。至於「禮」，是指通過禮制，對行為進行規範，着重人的道德修養，以達到人際間的互相包容，社會和諧有序。孫中山先生曾多次題寫「天下為公」，贈送友人，並作為自己的座右銘。這一思想也來源於儒家的大同思想。

人人都可透過對人文價值的重視，在自己的崗位上發揮一分力量，待人以誠，推己及人，合力為社會營造出優越的人文環境，最終達致人與人之間的和平共處。人類文明不斷進步，歷史長河後浪推前浪，中華民族經過了數千年

de xīng gé xǐ lǐ　ér rú jiā sī xiǎng réng rán shǎn shuò shēng huī　zhè rén
的 興 革 洗 禮，而 儒 家 思 想 仍 然 閃 爍 生 輝，這 人

wén de jīng shen dǐ yùn jiāng gèn gǔ cháng qīng
文 的 精 神 底 蘊 將 亘 古 長 青。

對話

jiǎ　kàn nǐ yí fù xīn shì chóng chóng de yàng zi　zěn me la
甲：看 你 一 副 心 事 重 重 的 樣 子，怎 麼 啦？

yǐ　hài　wǒ jiù jiu bei　gēn jiù mā dǎ jià　zhè bu　hái zài jǐng chá jú lù
乙：嗐，我 舅 舅 唄，跟 舅 媽 打 架，這 不，還 在 警 察 局 錄

kǒu gòng ne
口 供 呢。

jiǎ　tā men gāng jié hūn de nà huìr　bù tǐng ēn ài de ma
甲：他 們 剛 結 婚 的 那 會 兒，不 挺 恩 愛 的 嗎？

yǐ　zì cóng jiù mā shēng le hái zi yǐ hòu　liǎng rén cháng wèi hái zi de
乙：自 從 舅 媽 生 了 孩 子 以 後，兩 人 常 為 孩 子 的

shìr　zhēng chǎo　zuì hòu hái fā zhǎn chéng quán jiǎo xiāng jiāo　duì
事 兒 爭 吵，最 後 還 發 展 成 拳 腳 相 交。對

le　tā liǎ gè xìng dōu hěn yào qiáng
了，他 倆 個 性 都 很 要 強。

jiǎ　xìng gé de chā yì shì kè guān cún zài de　kě děi qiú tóng cún yì
甲：性 格 的 差 異 是 客 觀 存 在 的，可 得 求 同 存 異。

dà jiā píng xīn jìng qì　duō wèi duì fāng zhuó xiǎng　ràng duì fāng duō
大 家 平 心 靜 氣，多 為 對 方 着 想：讓 對 方 多

shuō jǐ jù　zì jǐ shǎo shuō yí jù　biàn kě dà shìhuà xiǎo　xiǎo shì
說 幾 句，自 己 少 說 一 句，便 可 大 事 化 小，小 事

huà wú
化 無。

yǐ　「qīng guān nán duàn jiā wù shì」　xǔ duō chōng tu　zhēng chǎo　dǎ
乙：「清 官 難 斷 家 務 事」。許 多 衝 突、爭 吵、打

jià dōu shì wèi le diǎnr　xiǎo shì　shéi dōu bù kěn ràng bù　jiā shàng
架 都 是 為 了 點 兒 小 事，誰 都 不 肯 讓 步，加 上

gōng zuò yā lì yòu dà
工 作 壓 力 又 大。

jiǎ　yǎn xià gè gè dōu máng de jiāo tóu làn é de　hái děi jiān gù jiā tíng
甲：眼 下 個 個 都 忙 得 焦 頭 爛 額 的，還 得 兼 顧 家 庭。

kě wú lùn yù dào shén me bù yú kuài　dōu bùyīng fā xiè zài jiā rén shēn
可 無 論 遇 到 什 麼 不 愉 快，都 不 應 發 洩 在 家 人 身

shàng　jiā hé wàn shì xīng　yào hù xiāng tǐ liàng cái duì
上。「家 和 萬 事 興」，要 互 相 體 諒 才 對。

<ruby>乙<rt></rt></ruby>：<ruby>是<rt>yǐ</rt></ruby><ruby>啊<rt>shì</rt></ruby><ruby><rt>a</rt></ruby>，<ruby>平<rt>píng</rt></ruby><ruby>時<rt>shí</rt></ruby><ruby>不<rt>bú</rt></ruby><ruby>注<rt>zhù</rt></ruby><ruby>意<rt>yì</rt></ruby><ruby>互<rt>hù</rt></ruby><ruby>相<rt>xiāng</rt></ruby><ruby>尊<rt>zūn</rt></ruby><ruby>重<rt>zhòng</rt></ruby>，<ruby>最<rt>zuì</rt></ruby><ruby>後<rt>hòu</rt></ruby><ruby>發<rt>fā</rt></ruby><ruby>展<rt>zhǎn</rt></ruby><ruby>成<rt>chéng</rt></ruby>
<ruby>流<rt>liú</rt></ruby><ruby>血<rt>xuè</rt></ruby><ruby>事<rt>shì</rt></ruby><ruby>件<rt>jiàn</rt></ruby>，<ruby>多<rt>duō</rt></ruby><ruby>可<rt>kě</rt></ruby><ruby>惜<rt>xī</rt></ruby><ruby>啊<rt>a</rt></ruby>！<ruby>雙<rt>shuāng</rt></ruby><ruby>方<rt>fāng</rt></ruby><ruby>容<rt>róng</rt></ruby><ruby>忍<rt>rěn</rt></ruby>、<ruby>禮<rt>lǐ</rt></ruby><ruby>讓<rt>ràng</rt></ruby>，<ruby>糾<rt>jiū</rt></ruby>
<ruby>紛<rt>fēn</rt></ruby><ruby>是<rt>shì</rt></ruby><ruby>可<rt>kě</rt></ruby><ruby>以<rt>yǐ</rt></ruby><ruby>避<rt>bì</rt></ruby><ruby>免<rt>miǎn</rt></ruby><ruby>的<rt>de</rt></ruby>。<ruby>難<rt>nán</rt></ruby><ruby>怪<rt>guài</rt></ruby><ruby>中<rt>zhōng</rt></ruby><ruby>國<rt>guó</rt></ruby><ruby>人<rt>rén</rt></ruby><ruby>總<rt>zǒng</rt></ruby><ruby>是<rt>shì</rt></ruby><ruby>把<rt>bǎ</rt></ruby>「<ruby>和<rt>hé</rt></ruby><ruby>氣<rt>qì</rt></ruby>
<ruby>生<rt>shēng</rt></ruby><ruby>財<rt>cái</rt></ruby>」、「<ruby>一<rt>yì</rt></ruby><ruby>團<rt>tuán</rt></ruby><ruby>和<rt>hé</rt></ruby><ruby>氣<rt>qì</rt></ruby>」<ruby>掛<rt>guà</rt></ruby><ruby>在<rt>zài</rt></ruby><ruby>嘴<rt>zuǐ</rt></ruby><ruby>邊<rt>biān</rt></ruby>，<ruby>原<rt>yuán</rt></ruby><ruby>來<rt>lái</rt></ruby><ruby>是<rt>shì</rt></ruby><ruby>淵<rt>yuān</rt></ruby><ruby>源<rt>yuán</rt></ruby>
<ruby>有<rt>yǒu</rt></ruby><ruby>自<rt>zì</rt></ruby>！

相關詞語

1. 中國文化 Zhōngguó wénhuà
2. 修身 xiūshēn
3. 治國 zhìguó
4. 辭讓 círàng
5. 衝突 chōngtū
6. 發洩 fāxiè
7. 惻隱 cèyǐn
8. 羞惡 xiūwù
9. 齊家 qíjiā
10. 精華 jīnghuá
11. 容忍 róngrěn
12. 以和為貴 yǐ hé wéi guì
13. 道德修養 dàodé xiūyǎng
14. 平心靜氣 píngxīn-jìngqì
15. 求同存異 qiútóng-cúnyì
16. 避免糾紛 bìmiǎn jiūfēn
17. 和而不同 hè ér bù tóng
18. 儒家思想 Rújiā sīxiǎng
19. 克己復禮 kèjǐ-fùlǐ
20. 天下為公 tiānxià wéi gōng

21. 人文價值 rénwén jiàzhí
22. 和衷共濟 hézhōng-gòngjì

口語訓練

（一）借鑒中國傳統「己所不欲，勿施於人」和「中庸之道」的思想，以某一事件為例，擬定一個講題，看看人們如何以包容性和開放性的觀念，化解衝突，縮短彼此的差距。

（二）短講時間以兩分鐘為限。

（三）參考用語

1. 傳統 chuántǒng
2. 吸收 xīshōu
3. 互動 hùdòng
4. 雙贏 shuāngyíng
5. 交匯 jiāohuì
6. 世界性 shìjièxìng
7. 交流 jiāoliú
8. 碰撞 pèngzhuàng
9. 借鑒 jièjiàn
10. 現代 xiàndài
11. 潮流 cháoliú
12. 與時並進 yǔshí-bìngjìn
13. 兼容並蓄 jiānróng-bìngxù
14. 取長補短 qǔcháng-bǔduǎn
15. 民族性 mínzúxìng
16. 本土化 běntǔhuà
17. 中西文化 zhōngxī wénhuà
18. 文化差異 wénhuà chāyì

聽力練習

請聽一段對話，然後回答三個問題。

問題 1 答案：
A. ☐
B. ☐
C. ☐
D. ☐

問題 2 答案：
A. ☐
B. ☐
C. ☐
D. ☐

問題 3 答案：
A. ☐
B. ☐
C. ☐
D. ☐

第二部分

語 音

語音綜述

語音

　　語音是由人的發音器官發出的，能表達一定意義的聲音。一種語言用什麼聲音代表什麼意義，是由社會「約定俗成」的。

發音器官

　　語音是由人的發音器官發出來的，發音器官活動的部位不同或方法不同，便形成了不同的聲音。發音器官包括呼吸器官、喉頭和聲帶、口腔和鼻腔三大部分。人在發音時，由肺部呼出的氣流，通過支氣管、氣管作用於聲帶，再通過咽頭從口腔或鼻腔呼出。

　　了解發音器官的構造，有利於掌握每個音的發音部位和發音方法。

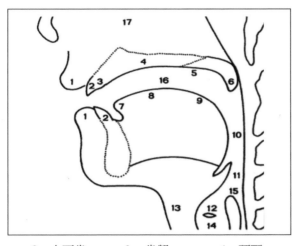

1. 上下唇	2. 上下齒	3. 齒齦	4. 硬顎	5. 軟顎
6. 小舌	7. 舌尖	8. 舌面	9. 舌根	10. 咽頭
11. 會厭軟骨	12. 聲帶	13. 喉頭	14. 氣管	15. 食道
16. 口腔	17. 鼻腔			

語音單位

音節和音素

　　語音單位有兩種：自然的語音單位和最小的語音單位。自然的語音單位就是聽起來好像一個不可分的整體。在漢語裏，一般地說，一個漢字是一個音節，一個音節寫成一個漢字。音節 = 聲母 + 韻母 + 聲調，如「Zhōnghuá mínzú」有四個音節，寫下來就是「中華民族」四個漢字。

　　音節是由音素組成的。音素是最小的語音單位。普通話語音裏有一個音素構成的音節，如 ā（阿）、è（餓）；有兩個音素構成的音節，如 fù（父）、mǔ（母）；有三個音素構成的音節，如 huā（花）、duǒ（朵）；有四個音素構成的音節，如 qiáng（強）、zhuàng（壯）。音素又分元音音素和輔音音素兩大類。

元音和輔音

　　元音又叫母音，輔音又叫子音。

　　發音時氣流在口腔中暢通無阻，不受任何阻礙而形成的音就是元音，a、o、e、i、u、ü 等都是元音；發音時氣流在口腔中受到一定的阻礙而發出的音就是輔音，例如：b、p、m、f、d、t、n、l 等都是輔音。

元音的特點

1. 氣流在口腔中不受顯著的阻礙。
2. 氣流較弱。
3. 發音時發音器官緊張。
4. 聲帶顫動，聲音響亮、清晰。

輔音的特點

1. 氣流在口腔中顯著地受阻。
2. 氣流較強。

3. 口腔中阻礙氣流的部分肌肉緊張，不阻礙氣流的部分不緊張。
4. 大部分輔音在發音時聲帶不顫動，聲音不響亮。

普通話的聲韻調

　　按《漢語拼音方案》規定，有 21 個聲母，39 個韻母。其中包括單韻母、複韻母和鼻韻母，還有三個特殊韻母 er、-i（舌尖前母音）和 -i（舌尖後母音）。

　　音節開頭的輔音叫「聲」，「韻」就是自「介音」以下的三個部分。普通話的聲調共有四聲，即陰平、陽平、上聲、去聲。

例字	聲母	韻母			聲調	
		韻頭	韻腹	韻尾		
香	x	i	a	ng	陰平	─
港	g		a	ng	上聲	˅
大	d		a		去聲	＼
學	x	u	e		陽平	／

漢語拼音方案

1. 字母表
2. 聲母表
3. 韻母表
4. 聲調符號
5. 隔音符號
　　（見附錄）

單韻母和聲調

單韻母

　　單韻母由單元音構成。單元音發音時由始至終要保持口形不變，舌位不移動，聲帶顫動。

a　口腔大開，舌位降到最低，嘴唇不圓。

o　舌根向軟顎上升，舌位半高，唇略圓。

e　舌根向軟顎上升，舌位比 o 略低，口半開，唇不圓，是與 o 相配的不圓唇音。

i　舌面前部上升和硬顎相近，開口度很小，唇扁平，使氣流由硬顎和舌面間向外送。

u　舌根上升和軟顎相近，開口度很小，唇最圓，使氣流由軟顎和舌根間向外送。

ü　舌位和 i 相同，唇形撮成圓狀。

ê　口腔半開，舌頭前部降到半低，嘴唇不圓，嘴角向兩邊展開。

單韻母表

舌的前後 舌位 唇形	前		中	後	
	扁	圓	扁	扁	圓
高	i	ü			u
半高					
中			(e)	e	o
半低	(ê)				
低			a		

註：(e) 構成 er 的讀音　　(ê) 構成 ie，üe 的讀音

聲調

什麼是聲調

　　聲調是音高的變化狀態。聲調的升降是滑行的，不是跳躍的。漢語每一個音節都有一個聲調，所以聲調和組成音節的聲母、韻母同等重要。同樣音素的詞，聲調不同，意義不同。如：

媽 mā　　　　　麻 má　　　　　馬 mǎ　　　　　罵 mà
巴 Bā　　　　　拔 bá　　　　　把 bǎ　　　　　爸 bà

聲調的讀法

聲調表

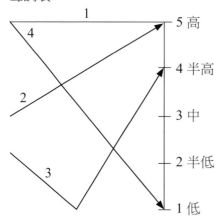

　　普通話共有四聲，陰平、陽平、上聲、去聲，又可叫作第 1 聲、第 2 聲、第 3 聲、第 4 聲。它們的調值如下：

陰平：調值 55，是高平調，聲調符號用「－」表示。

陽平：調值 35，是高升調，聲調符號用「／」表示。

上聲：調值 214，是降升調，由半低調降至低調，再升至半高調，聲調符號用「ˇ」表示。

去聲：調值 51，是全降調，由高調一直降到低調。聲調符號用「＼」表示。

聲調分辨

歌星 – 個性　　　　司機 – 四季　　　　搬家 – 半價
零錢 – 領錢　　　　留條 – 柳條　　　　遊園 – 有緣

拼音練習一

一、把下列粵方言詞語改寫成普通話詞語，並標上聲調。

1.	取錄 _____	9.	恤衫 _____
2.	鎖匙 _____	10.	老積 _____
3.	擺款 _____	11.	肥佬 _____
4.	雲吞 _____	12.	銜頭 _____
5.	過氣 _____	13.	收聲 _____
6.	偷雞 _____	14.	宵夜 _____
7.	飯盒 _____	15.	妒忌 _____
8.	怕醜 _____	16.	孤寒 _____

二、將下列各字按聲調歸類。

短　資　設　取　面　羞　譜　台　貼　妖　懲　辭　節　補　產　套

1. 第一聲：_____
2. 第二聲：_____
3. 第三聲：_____
4. 第四聲：_____

三、比較下列帶點的字，找出與之相符的內容，在方框內打勾。

1. 要去 ／ 要求　　☐ 聲母相同　　　☐ 聲調相同
2. 婚後 ／ 分後　　☐ 聲母相同　　　☐ 聲調相同
3. 欣喜 ／ 星星　　☐ 韻母相同　　　☐ 聲母相同
4. 分配 ／ 分牌　　☐ 韻母相同　　　☐ 聲母相同
5. 勸說 ／ 穿梭　　☐ 韻母不同　　　☐ 聲母相同

聲母（一）

◤ 唇音：b p m f

b 發音部位：雙唇
　 發音方法：準備時雙唇緊閉，口腔充氣，發音時氣流爆發破唇而出，不送氣，聲帶不顫動。

p 發音部位：雙唇
　 發音方法：雙唇緊閉，氣流破唇而出，送氣，聲帶不顫動。

m 發音部位：雙唇
　 發音方法：雙唇緊閉，氣流從鼻腔通出，聲帶顫動。

f 發音部位：上齒和下唇
　 發音方法：上齒輕碰下唇，氣流從唇齒間摩擦而出，不送氣，聲帶不顫動。

◤ 舌尖音：d t n l

d 發音部位：舌尖與上齒齦
　 發音方法：舌尖頂上齒齦，口腔充氣，舌尖下移，氣流爆發而出，不送氣，聲帶不顫動。

t 發音部位：舌尖與上齒齦
　 發音方法：舌尖頂上齒齦，氣流從口腔爆發而出時，要把氣流盡量送出，聲帶不顫動。

n　發音部位：舌尖與上齒齦
　　發音方法：舌尖抵上齒齦，氣流從鼻腔送出，聲帶顫動。

l　發音部位：舌尖與上齒齦
　　　　　　　舌尖抵上齒齦，氣流從舌的兩邊送出，聲帶顫動。

舌根音：g k h

g　發音部位：舌根與軟顎
　　發音方法：舌根頂住軟顎，氣流爆發而出，不送氣，聲帶不顫動。

k　發音部位：舌根與軟顎
　　發音方法：同「g」，但氣流爆發而出時要盡量送氣，聲帶不顫動。

h　發音部位：舌根與軟顎
　　發音方法：舌根接近軟顎，氣流摩擦而出，聲帶不顫動。

組合練習

kělè	可樂	móhé	磨合	nítǔ	泥土
bùfá	不乏	bǔkè	補課	bǔyǔ	補語
pífū	皮膚	mìmì	秘密	mòmò	默默
tèdì	特地	mùfá	木筏	fāfú	發福
fābù	發布	dáfù	答覆	dàdì	大地
dàlù	大路	mólì	魔力	tūpò	突破
kěpà	可怕	kèkǔ	刻苦	hùlǐ	護理
nǎpà	哪怕	nǔlì	努力	nùmù	怒目
gébì	隔壁	hélì	合力	kēpǔ	科普

拼音練習二

一、拼讀下列詞語，將聲母寫在橫線上。

1. 聯合 ___l___ 、 ___h___　　　7. 辯論 _____
2. 開盤 _____　　　8. 客廳 _____
3. 渾厚 _____　　　9. 報考 _____
4. 難度 _____　　　10. 感冒 _____
5. 變化 _____　　　11. 破壞 _____
6. 符合 _____　　　12. 抨擊 _____

二、拼讀下列音節，並寫出漢字。

1. bìjìng _____　　　6. juédìng _____
2. jiǎnlòu _____　　　7. míngquè _____
3. huóyuè _____　　　8. quánjiao _____
4. qiúzhī _____　　　9. jiéhūn _____
5. píngmù _____　　　10. lǐràng _____

三、寫出下列詞語的漢語拼音。

1. 古典 _____　　　6. 打破 _____
2. 發揮 _____　　　7. 鼓勵 _____
3. 憂慮 _____　　　8. 發洩 _____
4. 配備 _____　　　9. 計畫 _____
5. 保留 _____　　　10. 付款 _____

四

聲母（二）

舌尖前音 z c s

z　發音部位：舌尖抵住上齒背
　　發音方法：氣流從舌尖和齒縫間，從中摩擦而出，但不用盡量送
　　　　　　　氣，聲帶不顫動。

c　發音部位：舌尖抵住上齒背
　　發音方法：發音時讓較強氣流衝開一條窄縫，要盡量送氣，聲帶
　　　　　　　不顫動。

s　發音部位：舌尖接近上齒背
　　發音方法：氣流從舌尖和齒縫間摩擦而出，聲帶不顫動。

　　z c s 的本音不夠響亮，呼讀時在它們的後面拼上特殊的單母音韻母 –i[ɿ]。

　　舌尖前母音 –i[ɿ]，發音時舌尖接近上齒背，唇不圓，把聲母 z c s 的音延長，同時聲帶顫動，就可發出 –i[ɿ]。

　　由於 –i[ɿ] 只出現在 z c s 後面，而單韻母 i 不出現在 z c s 後面，故在拼寫時用 i 代替 –i，寫作 zi、ci、si。

舌尖後音 zh ch sh r

zh　發音部位：舌尖抵住上齒齦後部，硬顎前部。
　　發音方法：讓較弱氣流衝開一條窄縫，從中摩擦而出，聲帶不顫
　　　　　　　動。

zh　發音部位：同 zh。
　　　發音方法：讓強的氣流衝開一條窄縫，從中摩擦而出，聲帶不顫動。

sh　發音部位：舌尖接近上齒齦後部，硬顎前部。
　　　發音方法：發音時，氣流從窄縫中摩擦而出，聲帶不顫動。

r　　發音部位：同 sh
　　　發音方法：發音時，氣流從窄縫中摩擦而出，同時聲帶顫動。

　　　zh ch sh r 的本音不夠響亮，呼讀時在它們的後面拼上特殊的單母音韻母 –i[ʅ]。

　　　舌尖後母音 –i[ʅ]，發音時，舌尖上翹，接近上齒齦後部和硬顎前部，嘴唇不圓。把聲母 zh ch sh r 的音延長，同時聲帶顫動，就可發出 –i [ʅ]。

　　　由於 –i[ʅ] 只出現在 zh ch sh r 的後面，而單韻母 i 不出現在 zh ch sh r 的後面，故在拼寫時用 i 代替 –i，寫作 zhi chi shi ri。

舌面音 j q x

j　　發音部位：舌尖抵下齒背，舌面前部抬起抵硬顎前部。
　　　發音方法：讓較弱氣流衝開一條窄縫，從中摩擦而出，聲帶不顫動。

q　　發音部位：同 j
　　　發音方法：讓較強氣流衝開一條窄縫，從中摩擦而出，聲帶不顫動。

x　　發音部位：舌尖抵下齒背，舌面前部抬起接近硬顎前部。
　　　發音方法：氣流從窄縫中摩擦而出，聲帶不顫動。

　　　j q x 的本音不夠響亮，呼讀時在它們的後面拼上單韻母 i，讀成 ji qi xi。

組合練習

zīzhù	資助	zīshì	姿勢	zìjù	字句
zìjǐ	自己	zìsī	自私	zìzhǔ	自主
zìxù	自序	zìzhì	自治	zhīzhù	支柱
zǔzhī	組織	zhízé	職責	zhīzú	知足
zhírì	值日	zhǐshì	只是	zhǐzé	指責
qīxī	七夕	zhǐshù	指數	qíshí	其實
qícì	其次	qǐshì	啟示	qíshì	歧視
jīqì	機器	qǐjū	起居	jījí	積極
jīxù	積蓄	xǐjù	喜劇	jìxù	繼續
xìzé	細則	cǐchù	此處	chīcù	吃醋
chīsù	吃素	cìshù	次數	Chìzhù	赤柱
chūqī	初期	chūchù	出處	chūjī	出擊
chūsè	出色	chúxī	除夕	chǐrǔ	恥辱

拼音練習三

一、拼讀下列詞語，將聲母寫在橫線上。

1. 趣　＿＿＿＿＿＿＿　　6. 吸　＿＿＿＿＿＿＿

2. 強　＿＿＿＿＿＿＿　　7. 堅　＿＿＿＿＿＿＿

3. 捷徑　＿＿＿＿＿＿＿　　8. 先進　＿＿＿＿＿＿＿

4. 修建　＿＿＿＿＿＿＿　　9. 減薪　＿＿＿＿＿＿＿

5. 清潔　＿＿＿＿＿＿＿　　10. 緊缺　＿＿＿＿＿＿＿

二、拼讀下列音節，並寫出漢字。

1. chǔxù　＿＿＿＿＿＿　　6. chéngjiàn＿＿＿＿＿＿

2. jīngjì　＿＿＿＿＿＿　　7. jūmín　＿＿＿＿＿＿

3. gūjì　＿＿＿＿＿＿　　8. díquè　＿＿＿＿＿＿

4. jiéjú　＿＿＿＿＿＿　　9. jìxù　＿＿＿＿＿＿

5. jiějué　＿＿＿＿＿＿　　10. jīxù

三、寫出下列詞語的漢語拼音。

1. 減少 _____　　6. 焦慮 _____

2. 連續 _____　　7. 已經 _____

3. 之前 _____　　8. 分歧 _____

4. 聯繫 _____　　9. 預計 _____

5. 圍牆 _____　　10. 結構 _____

複韻母

複韻母

　　由多個元音構成的韻母叫複韻母，又叫複元音韻母。普通話有 13 個複韻母，其中包括二合元音韻母 ai、 ei、 ao、ou、ia、ie、ua、uo、üe，和三合元音韻母 iao、iou、uai、uei。

　　根據響亮元音出現的位置，複韻母可以分為前響複元音韻母、後響複元音韻母和中響複元音韻母。

複韻母的發音

前響複元音韻母 ai、ei、ao、ou

　　ai、ei、ao、ou 是前響複元音韻母。發音時，前一個元音清晰響亮，後一個元音較為模糊，只表示舌位移動的方向。複韻母 ei 中的 e 是個前元音，比後元音的單韻母 e 舌位偏前。

ai、ei、ao、ou 發音練習

ai

măimài	買賣	báicài	白菜	wàizhài	外債
àidài	愛戴	kāicăi	開採	căizhāi	採摘

ei

bēiwēi	卑微	féiměi	肥美	měiwèi	美味

ao

bàodào	報道	bàogào	報告	pāomáo	拋錨
păodào	跑道	táopăo	逃跑	cāoláo	操勞

ou

shōugòu 收購	shōushòu 收受	dōushòu 兜售
kǒushòu 口授	kòutóu 叩頭	shǒuhòu 守候

組合練習

gòumǎi　購買	láolèi　　勞累	dòuhào　逗號
bǎolěi　 堡壘	bàochóu　報仇	dàitóu　　帶頭
zhāodài　招待	táitóu　　抬頭	tàidǒu　　泰斗
nàiláo　 耐勞	nèizài　　內在	pāizhào　拍照
cháodài　朝代	gāocháo 高潮	shǒugǎo 手稿
shǒutóu　手頭	róudào　　柔道	róuměi　　柔美

後響複元音韻母 ia、ie、ua、uo、üe

　　ia、ie、ua、uo、üe 是後響複元音韻母。發音時,前一個元音較短較輕,後一個元音清晰響亮。韻母 ie,üe 的 e,讀音是 ê。

　　ia、ie、ua、uo、üe 前邊沒有聲母,自成音節時,寫成 ya、ye、wa、wo、yue。üe 與 j、q、x 相拼時,ü 上面的點省略,寫成 jue、que、xue。

ia、ie、ua、uo、üe 發音練習

ia

qiàqià　　恰恰	jiājià　　加價	yājià　　壓價

ie

tiēqiè　　貼切	xiètiě　　謝帖	jiéyè　　結業

ua

guàhuā　掛花	shuǎhuá 耍滑	huàhuàr　畫畫兒

uo

guòcuò　過錯	duòluò　墮落	cuōtuó　蹉跎

üe

yuēlüè 約略	juéjué 決絕	quèyuè 雀躍

組合練習

jiějué 解決	juéliè 決裂	wājué 挖掘
xuéshuō 學說	quèqiè 確切	huáxià 華夏
huáxuě 滑雪	duōguǎ 多寡	jiājié 佳節
jiēqià 接洽	diējià 跌價	xièjué 謝絕
lüèduó 掠奪	tuǒtiē 妥貼	jiětuō 解脫
tuōjié 脫節	tuǒxié 妥協	shuōhuà 說話
zhuōyuè 卓越		

中響複元音韻母 iao、iou、uai、uei

　　iao、iou、uai、uei 是中響複元音韻母。發音時，中間的元音響亮，前面的元音輕短，後面的元音模糊。韻母 uei 中的 e 也是一個前元音。

　　iao、iou、uai、uei 前邊沒有聲母，自成音節時，寫成 yao、you、wai、wei。

　　iou、uei 與聲母相拼時，去掉中間的字母，寫成 iu、ui，聲調符號標在後面的元音上。

iao、iou、uai、uei 發音練習

iao

piāomiǎo 縹緲	piāoyáo 飄搖	miǎoxiǎo 渺小
qiǎomiào 巧妙	miàoyào 妙藥	xiāoyáo 逍遙

iou

jiǔliú 久留	qiújiù 求救	xiùqiú 繡球
yōuxiù 優秀	yōujiǔ 悠久	yōuyōu 悠悠

uai

wàikuài 外快	kuàikuài 快快	guāiguāi 乖乖

uei

| zuìkuí | 罪魁 | zhuìhuǐ | 墜毀 | cuīhuǐ | 摧毀 |
| zhuīsuí | 追隨 | huìduì | 匯兌 | huìshuǐ | 匯水 |

組合練習

piāoliú	漂流	jiāoyǒu	交友	diūdiào	丟掉
jiùjiào	就教	guāiqiǎo	乖巧	jiāoyóu	郊遊
liúxiào	留校	xiūkuì	羞愧	huáijiù	懷舊
qiújiào	求教	duìdiào	對調	tuìpiào	退票
guǐguài	鬼怪	qiáocuì	憔悴	zhuīqiú	追求
guīduì	歸隊	tuīqiāo	推敲	tiàoshuǐ	跳水
shuǐniǎo	水鳥	yōuhuì	優惠	yǒuxiào	有效

複元音韻母，聲調要標在響亮的元音上。

複元音韻母表

類別	二合複韻母		三合複韻母
開頭元音	前響	後響	中響
a，o，e 開頭	ai ei ao ou		
i 開頭		ia ie	iao iou
u 開頭		ua uo	uai uei
ü 開頭		üe	

拼音練習四

一、拼讀下列詞語，將韻母寫在橫線上。

1. 海峽 ＿＿＿＿＿＿
2. 造價 ＿＿＿＿＿＿
3. 客流 ＿＿＿＿＿＿
4. 推測 ＿＿＿＿＿＿
5. 多數 ＿＿＿＿＿＿

6. 隧道 ＿＿＿＿＿＿
7. 效果 ＿＿＿＿＿＿
8. 剝削 ＿＿＿＿＿＿
9. 瑰寶 ＿＿＿＿＿＿
10. 泰國 ＿＿＿＿＿＿

二、拼讀下列音節，並寫出漢字。

1. jiàoyù ＿＿＿＿＿＿
2. shuòguǒ＿＿＿＿＿＿
3. pòhuài ＿＿＿＿＿＿
4. chūshòu＿＿＿＿＿＿
5. chāoguò ＿＿＿＿＿＿

6. wéihù ＿＿＿＿＿＿
7. guóxué＿＿＿＿＿＿
8. kǎolǜ ＿＿＿＿＿＿
9. bǔtiē ＿＿＿＿＿＿
10. zúgòu ＿＿＿＿＿＿

三、寫出下列詞語的漢語拼音。

1. 要求 ＿＿＿＿＿＿
2. 保留 ＿＿＿＿＿＿
3. 研究 ＿＿＿＿＿＿
4. 歸國 ＿＿＿＿＿＿
5. 煩惱 ＿＿＿＿＿＿

6. 首腦 ＿＿＿＿＿＿
7. 材料 ＿＿＿＿＿＿
8. 恢復 ＿＿＿＿＿＿
9. 配備 ＿＿＿＿＿＿
10. 焦慮 ＿＿＿＿＿＿

鼻韻母

鼻韻母

　　元音加鼻輔音構成的韻母叫鼻韻母。因鼻音出現在音節末尾，所以又叫鼻尾音韻母。發音時，由元音的發音狀態逐漸向鼻音的發音狀態過渡，最後阻礙部位完全閉塞，氣流從鼻腔中流出，形成鼻輔音。

　　普通話的鼻韻母分為前鼻音韻母（-n）和後鼻音韻母（-ng），因此要讀準鼻韻母，首先要讀準這兩個鼻音。

-n　　發音時，舌尖抵住上齒齦，阻塞口腔通道，讓氣流從鼻腔中出來。

-ng　　發音時，舌根抬起抵住軟顎，阻塞口腔通道，讓氣流從鼻腔中出來。-ng 在普通話中，只出現在音節末尾。

鼻韻母的發音

前鼻音韻母：an、en、in、uan、uen、ian、 üan、ün

　　發音時，由前面的元音滑到後面的鼻輔音上，形成阻礙的部位在舌尖和上齒齦。ian、üan 兩韻母中的 a，舌位偏前，發音接近 ê。

　　in、uan、uen、ian、üan、ün 前面沒有聲母自成音節時，寫作 yin、wan、wen、yan、yuan、yun。

　　uen 在與聲母相拼時，省去中間的 e，寫成 un，如 sun。

　　由於 j、q、x 不與合口呼韻母相拼，故 üan、ün 與 j、q、x 相拼時，省去 ü 頭上的兩點，寫成 juan、quan、xuan 和 jun、qun、xun。

前鼻音韻母發音練習

an

| àndàn | 暗淡 | ānrán | 安然 | cànlàn | 燦爛 |
| tánpàn | 談判 | zhǎnlǎn | 展覽 | cānzhàn | 參戰 |

en

| zhēnběn | 珍本 | běnrén | 本人 | ménshén | 門神 |
| ménzhěn | 門診 | gēnběn | 根本 | fènhèn | 憤恨 |

in

| xìnxīn | 信心 | pínmín | 貧民 | pīnyīn | 拼音 |
| xīnjīn | 薪金 | yīnqín | 殷勤 | jǐnlín | 緊鄰 |

uan

| wǎnzhuǎn | 婉轉 | duǎnduǎn | 短短 | guànchuān | 貫穿 |
| huànsuàn | 換算 | zhuānkuǎn | 專款 | zhuǎnwān | 轉彎 |

uen

| kùndùn | 困頓 | lùnwén | 論文 | chūnsǔn | 春筍 |
| wēnrùn | 溫潤 | wēnshùn | 溫順 | gǔngǔn | 滾滾 |

ian

| liánnián | 連年 | jiānxiǎn | 奸險 | diànniàn | 惦念 |
| biànqiān | 變遷 | liánmián | 連綿 | xiānyàn | 鮮艷 |

üan

| yuānyuán | 淵源 | yuánquān | 圓圈 | quánquán | 全權 |

ün

| jūnyún | 均勻 | jūnxùn | 軍訓 | | |

組合練習

| ānquán | 安全 | ànjiàn | 案件 | pēnquán | 噴泉 |
| fēndān | 分擔 | bīnguǎn | 賓館 | pínfán | 頻繁 |

duǎnzàn	短暫	tuányuán	團圓	cúnxīn	存心
zhūnzhūn	諄諄	rùnnián	潤年	jiānduān	尖端
jiānshēn	艱深	juānkuǎn	捐款	jūnjiàn	軍艦
āndùn	安頓	ànbiān	岸邊	bǎnběn	版本
bīnfēn	繽紛	chǎnpǐn	產品	rénpǐn	人品
duànrán	斷然	duànliàn	鍛煉	wēnnuǎn	溫暖
hùnluàn	混亂	zuānyán	鑽研	cūnzhèn	村鎮
chúnzhēn	純真	shùnbiàn	順便	kùnjuàn	困倦
yántán	言談	yánjǐn	嚴謹	juānxiàn	捐獻
qiānjīn	千金	juànliàn	眷戀	jūnquán	軍權
xúnhuán	循環	diǎnfàn	典範	wánmǎn	完滿
yuándàn	元旦	xuǎnmín	選民	jǐnshèn	謹慎
wēnquán	溫泉	pànduàn	判斷	biànhuàn	變幻
guāndiǎn	觀點	quánmiàn	全面	mínjiān	民間

後鼻音韻母： ang、iang、uang、eng、ueng、ing、ong、iong

　　發音時，由前面的元音滑到後面的鼻輔音上，形成阻礙的部位在舌根和軟顎。

　　iang、uang、ing、ueng、iong 自成音節寫成 yang、wang、ying、weng、yong。

後鼻音韻母發音練習

ang
bāngmáng 幫忙　　　bǎngyàng 榜樣　　　chǎngfáng 廠房
dāngchǎng 當場　　　zhàngfáng 賬房　　　zhāngyáng 張揚

iang
xiǎngliàng 響亮　　　liǎngyàng 兩樣　　　liángjiàng 良將
xiāngxiàng 相像　　　qiángxiàng 強項　　　xiàngyáng 向陽

uang
zhuānghuáng 裝潢　　　zhuàngkuàng 狀況

eng

fēngshèng 豐盛	zhēngshèng 爭勝	chéngméng 承蒙
chěngnéng 逞能	gěnggěng 耿耿	kēngshēng 吭聲

ueng

wēngwēng 嗡嗡

ing

bīngyíng 兵營	bìngqíng 病情	píngdìng 評定
yīngmíng 英明	míngxīng 明星	jīngmíng 精明

ong

zǒnggòng 總共	zòngróng 縱容	yōngzhǒng 臃腫
gōngzhòng 公眾	gōnggòng 公共	gòngtōng 共通

iong

xiōngyǒng 洶湧	xióngxióng 熊熊	jiǒngjiǒng 炯炯

組合練習

wāngyáng	汪洋	xiàngwǎng	嚮往
fāngxiàng	方向	xiàngzhēng	象徵
lǎngsòng	朗誦	zhǎngshēng	掌聲
fēngmáng	鋒芒	mèngjìng	夢境
mínglǎng	明朗	píngděng	平等
liángshuǎng	涼爽	qiángzhuàng	強壯
jìngyǎng	敬仰	yīngxióng	英雄
língtōng	靈通	tōngshāng	通商
yònggōng	用功	zhōngyōng	中庸
gōngshāng	工商	gōngchǎng	工廠
zònghéng	縱橫	chéngqīng	澄清
zhēngguāng	爭光	lěngcáng	冷藏
néngliàng	能量	ménglóng	朦朧

fēngkuáng	瘋狂	zhōngyǒng	忠勇
qīngxiàng	傾向	tòngyǎng	痛癢
pánghuáng	徬徨	gēngzhòng	耕種
guāngmáng	光芒	héngliáng	衡量
qínglǎng	晴朗	chěngqiáng	逞強
xíngdòng	行動	zhuāngzhòng	莊重
péngsōng	蓬鬆	lěngchǎng	冷場
yìngshēng	應聲	chāngshèng	昌盛
shēnshì	身世	shēngshì	聲勢
mùpén	木盆	mùpéng	木棚
pínfán	頻繁	píngfán	平凡
zhěnzhì	診治	zhěngzhì	整治
shēnshǒu	伸手	shēngshǒu	生手
chénjiù	陳舊	chéngjiù	成就
shénsì	神似	shēngsǐ	生死
xìng Chén	姓陳	xìng Chéng	姓程
guāfēn	瓜分	guāfēng	颶風
xuéfēn	學分	xuéfēng	學風
qíngzhēn	情真	qīngzhēng	清蒸

拼音練習五

一、拼讀下列字詞，把它們的韻母寫在橫線上，並標出聲調。

1. 省 sh _____
2. 屏 p _____
3. 動 d _____
4. 降 j _____
5. 創 ch _____
6. 礦 k _____
7. 網 w _____
8. 令 l _____
9. 控 k _____
10. 項 x _____
11. 荒 h _____
12. 抨 p _____

二、拼讀下列各音節，找出對應的詞語，把代表答案的英文字母填在
　　括弧內。

1. biānjiǎn （　　　） 　A　轉變
2. yánjǐn 　（　　　） 　B　端莊
3. pínglùn 　（　　　） 　C　傳統
4. yùnxíng 　（　　　） 　D　嚴謹
5. zhuǎnbiàn （　　　） 　E　邊檢
6. chuántǒng （　　　） 　F　繁榮
7. duānzhuāng（　　　） 　G　運行
8. fánróng 　（　　　） 　H　評論

三、拼讀下列各音節，並依拼音寫出漢字。

1. gòngmíng （　　　） 5. chóngshàng （　　　）
2. zhèngmíng（　　　） 6. xíngchéng 　（　　　）
3. yǐngxiǎng （　　　） 7. zhuàngkuàng（　　　）
4. pìnyòng 　（　　　） 8. bǎngyàng 　（　　　）

七

音節和標調

音節的結構

　　音節是最自然的語音單位，漢語裏一個漢字的讀音就是一個音節。普通話的音節是由 21 個聲母和 39 個韻母，按照一定配合關係結合而成的，一共有 400 多個基本音節，加上聲調變化，共 1200 多個音節。

普通話音節的結構分析如下表：

例字 ＼ 類型	聲母	韻 母		韻 尾		聲調
		韻頭（介音）	韻腹（主要母音）	母音	輔音	
衣 yī	零聲母音節		i			陰平
無 wú			u			陽平
雨 yǔ			ü			上聲
野 yě		i	ê			上聲
外 wài		u	a	i		去聲
昂 áng			a		ng	陽平
願 yuàn		ü	a		n	去聲
滿 mǎn	帶聲母音節	m		a		n	上聲
漢 hàn		h		a		n	去聲
苗 miáo		m	(i)	a	o		陽平
藏 zàng		z		a		ng	去聲
壯 zhuàng		zh	(u)	a		ng	去聲
江 jiāng		j	(i)	a		ng	陰平
虐 nüè		n	(ü)	ê			去聲

從上表中可以看到普通話音節結構的特點：

1. 每個音節都有聲調。
2. 有的音節可以沒有聲母，即零聲母音節，但必須有韻母。
3. 一個音節最多有四個音素，最少有一個音素。
4. 韻母不一定都具備韻頭和韻尾，但韻腹是必不可少的。
5. 聲母和主要母音之間的 i、u、ü 為介音。

音節的拼寫

1. ü

   ü 在 n、l 後，頭上的兩點不可省略，寫作 nü、lü、nüe、lüe。
   ü 在 j、q、x 後，頭上的兩點省略不寫，寫作 ju、qu、xu、
   jue、xue、juan、quan、xuan、jun、qun、xun。
   有個小口訣可幫助記憶：ü 見 j、q、x，脫帽敬個禮。

2. ê

   自成音節：ê 欸
   出現在 i、ü 後，組成複韻母 ie（yè 葉）、üe（yuè 月）、ê 上
   面的「小帽」不用寫。

3. er

   自成音節：er 如：而、兒、耳、爾、二等。
   作為韻尾，只在音節之後加 r，如 huār 花兒、wánr 玩兒、
   diǎnr 點兒等。

4. iu、ui、un

   iu ui un 是韻母 iou、uei、uen 的省寫，如：
   l — iou — liǔ （柳）
   h — uei — huí （回）
   c — uen — cūn （村）

5. i、u、ü 開頭的音節，寫法如下：

韻母	音節
i	yi
ia	ya
ie	ye
iao	yao
iou	you
ian	yan
in	yin
iang	yang
ing	ying
iong	yong
u	wu
ua	wa
uo	wo
uai	wai
uei	wei
uan	wan
uen	wen
uang	wang
ueng	weng
ü	yu
üe	yue
üan	yuan
ün	yun

6. a、o、e 開頭的音節連在其他音節之後，用隔音符號 ' 隔開，如：

xī'ān	西安
pí'ǎo	皮襖
hé'ǎi	和藹
bēi'āi	悲哀

fān'àn	翻案
yán'ān	延安
hǎi'ōu	海鷗
sàng'ǒu	喪偶
lián'ǒu	蓮藕
gǎn'ēn	感恩
tiān'é	天鵝
cháng'é	嫦娥

標調的方法

1. 聲調符號標在主要元音上，如：

hǎi	（海）	hēi	（黑）	kǎo	（考）
juān	（捐）	qún	（群）	shàng	（上）

2. 標調順序按主要元音的順序，即 a、o、e、i、u、ü，如：

Liú lǎoshī shuō，Héběi yǒu dà huī láng。

（劉老師說，河北有大灰狼。）

標調小口訣：

有 a 不放過

沒 a 找 o，e

i、u 並列標在後

單個元音不用說

3. –iu、–ui 組成的音節，聲調標在後面的母音上，如：

jiǔ	（九）	liú	（劉）	xiǔ	（朽）
huī	（灰）	duī	（堆）	tuì	（退）

4. 調號標在元音 i 的上面時，i 上的小點省去，如：

jīn	（金）	qí	（奇）	xīng	（星）

5.　輕聲音節不標調號，如：

qīngchu （清楚）　　　　míngbai（明白）

拼音練習六

一、拼讀下列字詞，標出聲調。

1. 氣餒　（　　　　　　）　　7. 東西　（　　　　　　　）
2. 素質　（　　　　　　）　　8. 舒服　（　　　　　　　）
3. 嚇唬　（　　　　　　）　　9. 濫用　（　　　　　　　）
4. 妥當　（　　　　　　）　　10. 虛實　（　　　　　　　）
5. 綜援　（　　　　　　）　　11. 立場　（　　　　　　　）
6. 開闊　（　　　　　　）　　12. 鳥巢　（　　　　　　　）

二、拼讀下列音節，找出對應的詞語，把代表答案的英文字母填在括
　　弧內。

1.　zīxùn　　　　（　　　　）　　A　條件
2.　qūshì　　　　（　　　　）　　B　勾結
3.　jìshu　　　　（　　　　）　　C　系統
4.　jìchéng　　　（　　　　）　　D　趨勢
5.　tiáojiàn　　　（　　　　）　　E　資訊
6.　zhìliáo　　　（　　　　）　　F　按揭
7.　gōujié　　　　（　　　　）　　G　繼承
8.　biāoshēng　　（　　　　）　　H　技術
9.　chuàngyè　　 （　　　　）　　I　債券
10.　ànjiē　　　　（　　　　）　　J　治療
11.　xìtǒng　　　 （　　　　）　　K　飆升
12.　zhàiquàn　　 （　　　　）　　L　創業

三、拼讀下列各音節，並依拼音寫出漢字。

1. zōnghé 　（　　　　）　6. jiǎnlòu 　（　　　　）

2. chéngshú （　　　　）　7. míngrén （　　　　）

3. tóuxiáng （　　　　）　8. kèguān 　（　　　　）

4. zhèngjù 　（　　　　）　9. lǐràng 　（　　　　）

5. guānghuī （　　　　）　10. jǐnggào （　　　　）

八

漢語拼音正詞法

　　漢語拼音正詞法就是用《漢語拼音方案》拼寫現代漢語的規則。它的內容包括分詞連寫法、成語拼寫法、人名地名拼寫法、標調法、移行規則等。

詞語連寫規則

1. 拼寫普通話基本上以詞為連寫單位，如：

rén	（人）	pǎo	（跑）
hěn	（很）	hǎo	（好）
péngyou	（朋友）	yīnyuè	（音樂）
diànshìjī	（電視機）	túshūguǎn	（圖書館）

2. 表示一個整體概念的雙音節詞和三音節詞連寫，如：

quánguó	（全國）	dàhuì	（大會）
fūqī	（夫妻）	táifēng	（颱風）
dàxuéshēng	（大學生）	nǚjiàoshī	（女教師）
duìbuqǐ	（對不起）	chībuxiāo	（吃不消）

3. 表示一個整體概念，四音節以上的名稱，按詞分寫；不能按詞劃分的，全部連寫。如：

zhīshi fènzǐ	（知識分子）
túshū mùlù	（圖書目錄）
Zhōnghuá Rénmín Gònghéguó	（中華人民共和國）
Zhōngguó Shèhuì Kēxuéyuàn	（中國社會科學院）
hóngshízìhuì	（紅十字會）

gǔshēngwùxuéjiā　　（古生物學家）
yánjiūshēngyuàn　　（研究生院）

4.　單音節詞重疊、連寫；雙音節詞重疊，分寫。如：

rénrén　　（人人）　　　　kànkan　　　（看看）
yánjiu yánjiu（研究研究）　tǎolun tǎolun（討論討論）

AABB 結構重疊，當中加短橫。如：
láilái-wǎngwǎng　（來來往往）　qīngqīng-chǔchǔ（清清楚楚）
míngmíng-báibái（明明白白）　gāngān-jìngjìng　（乾乾淨淨）

5.　為了便於閱讀和理解，必要時可加短橫，如：

huán-bǎo　　（環保）　　　zhōng-xiǎoxué（中小學）
rén-jī duìhuà（人機對話）　shíqī-bā suì　　（十七八歲）
bā-jiǔ lǐ lù　（八九里路）　gōng-guān　　（公關）

6.　一年的十二個月份和每星期的七天都連寫，但年、月、日和時、
　　分、秒與前面的數詞分寫。如：

zhēngyuè　（正月）　　　　shí'èryuè　（十二月）
xīngqīliù　（星期六）　　　xīngqīrì　　（星期日）
1994 nián 3 yuè 4 rì　　（1994 年 3 月 4 日）
3 diǎn 40 fēn 36 miǎo　（三點四十分三十六秒）

7.　動詞和後面的時態助詞「着」、「了」、「過」連寫。如：

názhe　　（拿着）　　　　tīngzhe　　（聽着）
chīle　　（吃了）　　　　tǎolùnle　　（討論了）
kànquo　（看過）　　　　wánrguo　　（玩兒過）

8.　單音節動詞、形容詞與後面單音節的補語連寫，其餘分寫。如：

rèsǐ　　（熱死）　　　　zuòxia　　（坐下）
xiūhǎo　（修好）　　　　dǎsǐ　　（打死）
zǒu jinlai　（走進來）　　bào qilai　（抱起來）
gǎijiàn chéng（改建成）　zhěnglǐ hǎo（整理好）

9. 一百以內的自然數，連寫。如：

shí'èr	（十二）	wǔshíbā	（五十八）
shíqī	（十七）	jiǔshíjiǔ	（九十九）

個位數字和後面的「百」「千」連寫；和後面的「萬」「億」分寫。

jiǔ yì líng sān wàn bāqiān wǔbǎi sìshísì

九億零三萬八千五百四十四

表序數的詞綴「第」、「初」與後面的數詞間加橫線。如：

dì-èrshíliù	（第二十六）
dì-èrshíb	（第二十八）

10. 表示分數的「之一」連寫，表示小數的「點」分寫；表示約數的兩個詞間加橫線。如：

èr fēnzhī yī	二分之一
sān yòu wǔ fēnzhī èr	三又五分之二
bǎi fēnzhī wǔshí	50%
sì diǎnr jiǔ wǔ	4.95
qī-bā suì	七八歲
bā-jiǔ ge rén	八九個人

11. 方位詞與前面的名詞分寫。如：

zhuōzi shang	（桌子上）
shūbāo li	（書包裏）
Cháng Jiāng yǐnán	（長江以南）
huǒchēzhàn shang	（火車站上）
mén wài	（門外）

12. 形容詞和後面的「些」、「一些」、「點兒」、「一點兒」分寫。如：

duō xiē	（多些）	dà yìxiē	（大一些）
kuài diǎnr	（快點兒）	màn yìdiǎnr	（慢一點兒）

13. 代詞「這」、「那」、「哪」、「各」、「每」、「某」、「本」、「該」等和後面的詞分寫。如：

zhè rén　　　（這人）　　nà wèi xiānsheng（那位先生）
nǎ běn shū　（哪本書）　gè wèi nǚshì　　（各位女士）
měi nián　　（每年）　　mǒu rén　　　　（某人）
běn dānwèi　（本單位）　gāi gōngsī　　　（該公司）

「這」、「那」、「哪」和「些」、「麼」、「樣」、「般」、「裏」、「邊」、「會兒」、「個」，連寫。如：

zhèxiē　　（這些）　　nàme　　　　（那麼）
nǎlǐ　　　（哪裏）　　nàyàng　　　（那樣）
zhèbān　　（這般）　　nàbiān　　　（那邊）
zhèhuìr　（這會兒）　zhèmeyàng　（這麼樣）

14. 虛詞與其他詞語分寫。如：

hěn hǎo　　　　　　　（很好）
fēicháng kuài　　　　（非常快）
shēng yú 1968 nián　（生於 1968 年）
guānyú zhège wèntí　（關於這個問題）
měilì ér dàfang　　　（美麗而大方）
lǎoshī hé xuésheng　（老師和學生）
dàdì de nǚ'ér　　　　（大地的女兒）
mànmānr de zǒu　　　（慢慢兒地走）
Shuō de tài hǎo le.　（說得太好了。）
Nǐ zhīdao ma?　　　　（你知道嗎？）
Kuài zǒu ba!　　　　　（快走吧！）
Huō! Nàme dà de píngguo.　（嘩！那麼大的蘋果。）
À! Tài měi la!　　　　（啊！太美啦！）
Pā!Pā! xiǎngle liǎng qiāng.　（啪！啪！響了兩槍。）
Dàyǔ huāhuā de xiàge bùtíng.　（大雨嘩嘩地下個不停。）

15. 四言成語，俗語等可以分成雙音節來唸的，中間加短橫；不能分成兩段來唸的，全部連寫。如：

guāngmíng-lěiluò	（光明磊落）
fēngpíng-làngjìng	（風平浪靜）
yìyīdàishuǐ	（一衣帶水）
zǒng'éryánzhī	（總而言之）
xuènóngyúshuǐ	（血濃於水）

16. 非四言成語，按詞分寫。如：

wú yuán zhī shuǐ，wú běn zhī mù	（無源之水，無本之木）
chī yī qiàn，zhǎng yī zhì	（吃一塹，長一智）

大寫

1. 漢語人名按姓和名分寫，姓和名的開頭字母大寫。筆名、別名等按姓名寫法處理。如：

Zhūgě Kǒngmíng	（諸葛孔明）
Wú Guóhuá	（吳國華）
Méi Lánfāng	（梅蘭芳）
Lǔ Xùn	（魯迅）
Bā Jīn	（巴金）
Dīng Líng	（丁玲）

「老」、「小」、「大」、「阿」與姓分寫，開頭均大寫。如：

Lǎo Huáng	（老黃）	Xiǎo Zhào	（小趙）
Dà Zhāng	（大張）	Ā Lǐ	（阿李）

已經專名化的稱呼連寫，開頭大寫。如：

Kǒngzǐ	（孔子）	Mèngzǐ	（孟子）
Zēngzǐ	（曾子）	Lǎozǐ	（老子）

2. 地名中的專名和通名分寫，每一部分的開頭大寫。如：

Guǎngdōng Shěng	（廣東省）
Běijīng Shì	（北京市）

Tài Shān　　　　　　　　　　　（泰山）

Táiwān Hǎixiá　　　　　　　　（臺灣海峽）

專名和通名的附加成分，單音節與其相關的部分連寫；多音節的
分寫。如：

Xīcháng'ān Jiē　　　　　　　　（西長安街）

Huánghòu Dàdàodōng　　　　　（皇后大道東）

Wǔhàn Chángjiāng Dàqiáo　　　（武漢長江大橋）

3.　專有名詞的第一個字母大寫；由幾個詞組成的專有名詞，各個詞
　　分寫，每個詞開頭大寫。簡稱的各個音節間用短橫連接。如：

Chángchéng　　　　　　　　　（長城）

Qīngmíngjié　　　　　　　　　（清明節）

Xiānggǎng Dàxué　　　　　　　（香港大學）

Gǎng-Dà　　　　　　　　　　（港大）

4.　書名和文章標題可分用大寫。如：

《HONGLOUMENG》　　　　　　《紅樓夢》

《SHUIHUZHUAN》　　　　　　 《水滸傳》

《YUWEN YU YUWEN JIAOXUE》　《語文與語文教學》

《KONG YIJI》　　　　　　　　《孔乙己》

5.　每句話開頭的字母大寫。

6.　詩歌每行開頭的字母大寫。

移行

移行要按音節分開，在沒有寫完的地方加短橫。

標調

聲調一律標原調，不標變調。但在語言教學中，可根據需要標變
調。

拼音練習七

一、拼讀下列各音節，並依拼音寫出漢字。

1. rìxīn-yuèyì　　_____
2. wēnshì xiàoyìng　　_____
3. huánjìng wūrǎn　　_____
4. shēnghuó xíguàn　　_____
5. bólǎn qúnshū　　_____
6. bàntú érfèi　　_____
7. tóuzī-lǐcái　　_____
8. tōnghuò péngzhàng　　_____

二、寫出下列詞語的漢語拼音。

1. 保衛國家　　_____
2. 無憂無慮　　_____
3. 公平競爭　　_____
4. 積極發展　　_____
5. 雅俗共賞　　_____
6. 生態平衡　　_____
7. 百家爭鳴　　_____
8. 溫故知新　　_____
9. 蜚聲國際　　_____
10. 取長補短　　_____

三、寫出下列詞語的漢語拼音。

1. 萬里長城　　_____
2. 周恩來　　_____
3. 香格里拉　　_____
4. 交易廣場　　_____
5. 上海世博　　_____

漢語拼音方案

一、 字 母 表

字母名稱	A a ㄚ	B b ㄅㄝ	C c ㄘㄝ	D d ㄉㄝ	E e ㄜ	F f ㄝㄈ	G g ㄍㄝ
	H h ㄏㄚ	I i ㄧ	J j ㄐㄧㄝ	K k ㄎㄝ	L l ㄝㄌ	M m ㄝㄇ	N n ㄋㄝ
	O o ㄛ	P p ㄆㄝ	Q q ㄑㄧㄡ	R r ㄚㄦ	S s ㄝㄙ	T t ㄊㄝ	U u ㄨ
	V v ㄪㄝ	W w ㄨㄚ	X x ㄒㄧ	Y y ㄧㄚ	Z z ㄗㄝ		

v 只用來拼寫外來語、少數民族語言和方言。
字母的手寫體依照拉丁字母的一般書寫習慣。

二、 聲 母 表

b ㄅ玻	p ㄆ坡	m ㄇ摸	f ㄈ佛		d ㄉ得	t ㄊ特	n ㄋ訥	l ㄌ勒
g ㄍ哥	k ㄎ科	h ㄏ喝			j ㄐ基	q ㄑ欺	x ㄒ希	
zh ㄓ知	ch ㄔ蚩	sh ㄕ詩	r ㄖ日		z ㄗ資	c ㄘ雌	s ㄙ思	

在給漢字注音的時候，為了使拼式簡短，zh ch sh 可以省作 ẑ ĉ ŝ。

三、韻母表

	i　　ㄧ　　衣	u　　ㄨ　　烏	ü　　ㄩ　　迂
a　ㄚ　啊	ia　ㄧㄚ　呀	ua　ㄨㄚ　蛙	
o　ㄛ　喔		uo　ㄨㄛ　窩	
e　ㄜ　鵝	ie　ㄧㄝ　耶		üe　ㄩㄝ　約
ai　ㄞ　哀		uai　ㄨㄞ　歪	
ei　ㄟ　欸		uei　ㄨㄟ　威	
ao　ㄠ　熬	iao　ㄧㄠ　腰		
ou　ㄡ　歐	iou　ㄧㄡ　憂		
an　ㄢ　安	ian　ㄧㄢ　煙	uan　ㄨㄢ　彎	üan　ㄩㄢ　冤
en　ㄣ　恩	in　ㄧㄣ　因	uen　ㄨㄣ　溫	ün　ㄩㄣ　暈
ang　ㄤ　昂	iang　ㄧㄤ　央	uang　ㄨㄤ　汪	
eng　ㄥ　亨的韵母	ing　ㄧㄥ　英	ueng　ㄨㄥ　翁	
ong　（ㄨㄥ）轟的韵母	iong　ㄩㄥ　雍		

(1)"知、蚩、詩、日、資、雌、思"等七個音節的韻母用 i，即：
知、蚩、詩、日、資、雌、思等字拼作 zhi，chi，shi，ri，
zi，ci，si。

(2) 韻母ル寫成er，用做韻尾的時候寫成r。例如："兒童"拼作
　　ertong，"花兒"拼作 huar。

(3) 韻母ㄝ單用的時候寫成ê。

(4) i 行的韻母，前面沒有聲母的時候，寫成yi（衣），ya（呀），
　　ye（耶），yao（腰），you（優），yan（煙），yin（因），
　　yang（央），ying（英），yong（雍）。
　　u行的韻母，前面沒有聲母的時候，寫成wu（烏），wa（蛙），
　　wo（窩），wai（歪），wei（威），wan（彎），wen（溫），
　　wang（汪），weng（翁）。
　　ü行的韻母，前面沒有聲母的時候，寫成yu（迂），yue（約），
　　yuan（冤），yun（暈）；ü上兩點省略。
　　ü行的韻母跟聲母j，q，x 拼的時候，寫成ju（居），qu（區），
　　xu（虛），ü上兩點也省略，但是跟聲母n，l拼的時候，仍然
　　寫成nü（女），lü（呂）。

(5) iou，uei，uen 前面加聲母的時候，寫成iu，ui，un。例如
　　niu（牛），gui（歸），lun（論）。

(6) 在給漢字注音的時候，為了使拼式簡短，ng 可以省作 ŋ。

四、聲調符號

陰平	陽平	上聲	去聲
一	ˊ	ˇ	ˋ

聲調符號標在音節的主要母音上，輕聲不標。例如：

媽 mā	麻 má	馬 mǎ	罵 mà	嗎 ma
（陰平）	（陽平）	（上聲）	（去聲）	（輕聲）

五、隔音符號

　　a，o，e開頭的音節連接在其他音節後面的時候，如果音節的界限發生混淆，用隔音符號（'）隔開，例如：pi'ao（皮襖）。

普通話音節表

韻母 聲母	1													
	a	o	e	-i	er	ai	ei	ao	ou	an	en	ang	eng	ong
b	ba	bo				bai	bei	bao		ban	ben	bang	beng	
p	pa	po				pai	pei	pao	pou	pan	pen	pang	peng	
m	ma	mo	me			mai	mei	mao	mou	man	men	mang	meng	
f	fa	fo					fei		fou	fan	fen	fang	feng	
d	da		de			dai	dei	dao	dou	dan		dang	deng	dong
t	ta		te			tai		tao	tou	tan		tang	teng	tong
n	na		ne			nai	nei	nao	nou	nan	nen	nang	neng	nong
l	la		le			lai	lei	lao	lou	lan		lang	leng	long
z	za		ze	zi		zai	zei	zao	zou	zan	zen	zang	zeng	zong
c	ca		ce	ci		cai		cao	cou	can	cen	cang	ceng	cong
s	sa		se	si		sai		sao	sou	san	sen	sang	seng	song
zh	zha		zhe	zhi		zhai	zhei	zhao	zhou	zhan	zhen	zhang	zheng	zhong
ch	cha		che	chi		chai		chao	chou	chan	chen	chang	cheng	chong
sh	sha		she	shi		shai	shei	shao	shou	shan	shen	shang	sheng	
r			re	ri				rao	rou	ran	ren	rang	reng	rong
j														
q														
x														
g	ga		ge			gai	gei	gao	gou	gan	gen	gang	geng	gong
k	ka		ke			kai	kei	kao	kou	kan	ken	kang	keng	kong
h	ha		he			hai	hei	hao	hou	han	hen	hang	heng	hong
	a	o	e		er	ai	ei	ao	ou	an	en	ang	eng	

韻母 聲母	2									
	i	ia	iao	ie	iou	ian	in	iang	ing	iong
b	bi		biao	bie		bian	bin		bing	
p	pi		piao	pie		pian	pin		ping	
m	mi		miao	mie	miu	mian	min		ming	
f										
d	di		diao	die	diu	dian			ding	
t	ti		tiao	tie		tian			ting	
n	ni		niao	nie	niu	nian	nin	niang	ning	
l	li	lia	liao	lie	liu	lian	lin	liang	ling	
z										
c										
s										
zh										
ch										
sh										
r										
j	ji	jia	jiao	jie	jiu	jian	jin	jiang	jing	jiong
q	qi	qia	qiao	qie	qiu	qian	qin	qiang	qing	qiong
x	xi	xia	xiao	xie	xiu	xian	xin	xiang	xing	xiong
g										
k										
h										
	yi	ya	yao	ye	you	yan	yin	yang	ying	yong

聲母＼韻母	3									4			
	u	ua	uo	uai	uei	uan	uen	uang	ueng	ü	üe	üan	ün
b	bu												
p	pu												
m	mu												
f	fu												
d	du		duo		dui	duan	dun						
t	tu		tuo		tui	tuan	tun						
n	nu		nuo			nuan				nü	nüe		
l	lu		luo			luan	lun			lü	lüe		
z	zu		zuo		zui	zuan	zun						
c	cu		cuo		cui	cuan	cun						
s	su		suo		sui	suan	sun						
zh	zhu	zhua	zhuo	zhuai	zhui	zhuan	zhun	zhuang					
ch	chu	chua	chuo	chuai	chui	chuan	chun	chuang					
sh	shu	shua	shuo	shuai	shui	shuan	shun	shuang					
r	ru	rua	ruo		rui	ruan	run						
j										ju	jue	juan	jun
q										qu	que	quan	qun
x										xu	xue	xuan	xun
g	gu	gua	guo	guai	gui	guan	gun	guang					
k	ku	kua	kuo	kuai	kui	kuan	kun	kuang					
h	hu	hua	huo	huai	hui	huan	hun	huang					
	wu	wa	wo	wai	wei	wan	wen	wang	weng	yu	yue	yuan	yun

聽力練習答案

第三課
1. B   2. D   3. B

第六課
1. B   2. C   3. A

第八課
1. D   2. C   3. B

第九課
1. A   2. D   3. B

第十課
1. C   2. C   3. B

第十一課
1. C   2. C   3. B

第十二課
1. A   2. C   3. C

拼音練習答案

拼音練習一

一、把下列粵方言詞語改寫成普通話詞語，並標上聲調。

<table>
<tr><td>1.</td><td>錄取 ＼ ˇ</td><td>9.</td><td>襯衫 ＼ —</td></tr>
<tr><td>2.</td><td>鑰匙 ＼ ·</td><td>10.</td><td>老成 ˇ ／</td></tr>
<tr><td>3.</td><td>擺闊 ˇ ＼</td><td>11.</td><td>不及格 ＼ ／ ／</td></tr>
<tr><td>4.</td><td>餛飩 ／ ·</td><td>12.</td><td>頭銜 ／ ／</td></tr>
<tr><td>5.</td><td>過時 ＼ ／</td><td>13.</td><td>閉嘴 ＼ ˇ</td></tr>
<tr><td>6.</td><td>取巧 ˇ ˇ</td><td>14.</td><td>夜宵 ＼ —</td></tr>
<tr><td>7.</td><td>盒飯 ／ ＼</td><td>15.</td><td>嫉妒 ／ ＼（忌妒 ＼ ·）</td></tr>
<tr><td>8.</td><td>怕羞 ＼ —</td><td>16.</td><td>吝嗇 ＼ ＼</td></tr>
</table>

二、將下列各字按聲調歸類。

1. 第一聲：羞 妖 資 貼
2. 第二聲：台 辭
3. 第三聲：短 取 譜 懲 補 產 節
4. 第四聲：設 面 套

三、比較下列帶點的字，找出與之相符的內容，在方框內打勾。

1. 聲母相同
2. 聲調相同
3. 聲母相同
4. 聲母相同
5. 韻母不同

拼音練習二

一、拼讀下列詞語，將聲母寫在橫線上。

1. l、h	7. b、l
2. k、p	8. k、t
3. h、h	9. b、k
4. n、d	10. g、m
5. b、h	11. p、h
6. f、h	12. p、j

二、拼讀下列音節，並寫出漢字。

1. 畢竟	6. 決定
2. 簡陋	7. 明確
3. 活躍	8. 拳腳
4. 求知	9. 結婚
5. 屏幕	10. 禮讓

三、寫出下列詞語的漢語拼音。

1. gǔdiǎn	6. dǎpò
2. fāhuī	7. gǔlì
3. yōulǜ	8. fāxiè
4. pèibèi	9. jìhuà
5. bǎoliú	10. fùkuǎn

拼音練習三

一、拼讀下列詞語，將聲母寫在橫線上。

1. q	6. x
2. q	7. j
3. j、j	8. x、j
4. x、j	9. j、x
5. q、j	10. j、q

二、拼讀下列音節，並寫出漢字。

1. 儲蓄
2. 經濟
3. 估計
4. 結局
5. 解決
6. 城建
7. 居民
8. 的確
9. 繼續
10. 積蓄

三、寫出下列詞語的漢語拼音。

1. jiǎnshǎo
2. liánxù
3. zhīqián
4. liánxì
5. wéiqiáng
6. jiāolù
7. yǐjing
8. fēnqí
9. yùjì
10. jiégòu

拼音練習四

一、拼讀下列詞語，將韻母寫在橫線上。

1. ai、ia
2. ao、ia
3. e、iu
4. ui、e
5. uo、u
6. ui、ao
7. iao、uo
8. uo、üe
9. ui、ao
10. ai、uo

二、拼讀下列音節，並寫出漢字。

1. 教育
2. 碩果
3. 破壞
4. 出售
5. 超過
6. 維護
7. 國學
8. 考慮
9. 補貼
10. 足夠

三、寫出下列詞語的漢語拼音。

1. yāoqiú
2. bǎoliú
3. yánjiū
4. guīguó
5. fánnǎo

6. shǒunǎo
7. cáiliào
8. huīfù
9. pèibèi
10. jiāolǜ

拼音練習五

一、拼讀下列字詞，把它們的韻母寫在橫線上，並標出聲調。

1. ěng
2. íng
3. òng
4. iàng
5. uàng
6. uàng

7. ǎng
8. ìng
9. òng
10. iàng
11. uāng
12. ēng

二、拼讀下列各音節，找出對應的詞語，把代表答案的英文字母填在括弧內。

1. E
2. D
3. H
4. G

5. A
6. C
7. B
8. F

三、拼讀下列各音節，並依拼音寫出漢字。

1. 共鳴
2. 證明
3. 影響
4. 聘用

5. 崇尚
6. 形成
7. 狀況
8. 榜樣

拼音練習六

一、拼讀下列字詞，標出聲調。

1. ＼ ˇ	7. ー ˙
2. ＼ ˙	8. ー ˙
3. ＼ ˙	9. ＼ ＼
4. ˇ ˙	10. ー ／
5. ー ／	11. ＼ ˇ
6. ー ＼	12. ˇ ／

二、拼讀下列音節，找出對應的詞語，把代表答案的英文字母填在括
　　弧內。

1. E	7. B
2. D	8. K
3. H	9. L
4. G	10. F
5. A	11. C
6. J	12. I

三、拼讀下列各音節，並依拼音寫出漢字。

1. 綜合	6. 簡陋
2. 成熟	7. 名人
3. 投降	8. 客觀
4. 證據	9. 禮讓
5. 光輝	10. 警告

拼音練習七

一、拼讀下列各音節，並依拼音寫出漢字。

1. 日新月異	5. 博覽群書
2. 溫室效應	6. 半途而廢
3. 環境污染	7. 投資理財
4. 生活習慣	8. 通貨膨脹

二、寫出下列詞語的漢語拼音。

1. bǎowèi guójiā
2. wúyōu wúlǜ
3. gōngpíng jìngzhēng
4. jījí fāzhǎn
5. yǎ sú gòngshǎng
6. shēngtài pínghéng
7. bǎijiā zhēngmíng
8. wēngù zhīxīn
9. fēishēng guójì
10. qǔcháng bǔduǎn

三、寫出下列詞語的漢語拼音。

1. Wànlǐ Chángchéng
2. Zhōu Ēnlái
3. Xiānggélǐlā
4. Jiāoyì Guǎngchǎng
5. Shànghǎi Shìbó